Übungsbuch zur norwegischen Grammatik

Bjørn Kvifte
Verena Gude-Husken

Übungsbuch zur norwegischen Grammatik

Mit einem Schlüssel zu den Übungen

gottfried egert verlag
2005

Übungsbuch zur norwegischen Grammatik

von
Hochschuldozent Bjørn Kvifte, Høgskolen i Østfold,
Volkshochschuldozentin Verena Gude-Husken M.A., Lüdinghausen.

Bibliografische Information Der Deutschen Bibliothek
Die Deutsche Bibliothek verzeichnet diese Publikation in der Deutschen
Nationalbibliografie; detaillierte bibliografische Daten sind im Internet
über <http://dnb.ddb.de> abrufbar.

ISBN 3-936496-55-2

© gottfried egert verlag, Postfach 1180, D-69259 Wilhelmsfeld, 2005
www.egertverlag.de
Gedruckt mit Ökofarben und 50% Altpapier chlorfrei gebleicht.
Alle Rechte vorbehalten
Herstellung: WM-Druck, Wiesloch
Printed in Germany

Vorwort

Das vorliegende *Übungsbuch zur norwegischen Grammatik* bietet Norwegischlernenden, insbesondere Studierenden der Nordistik/Skandinavistik sowie Teilnehmerinnen und Teilnehmern von Norwegischkursen an Volkshochschulen zahlreiche Übungen zu allen wichtigen Kapiteln der norwegischen Grammatik.

Neben Einsetz-, Ersetzungs- und Transformationsübungen nehmen Übersetzungsübungen einen breiten Raum ein. Die schwierigeren Übungen sind mit einem bzw. zwei Sternchen gekennzeichnet.

Die angegebenen Paragraphen beziehen sich auf die ebenfalls im Gottfried Egert Verlag erschienene *Praktische Grammatik der norwegischen Sprache*. Für das Selbststudium eignet sich der Schlüssel im Anhang des Buches.

Herrn Prof. Dr. Otto Winkelmann (Gießen) danken wir für die kritische Durchsicht des Werkes.

Halden und Lüdinghausen, im Juni 2005

Bjørn Kvifte
Verena Gude-Husken

Innholdsfortegnelse

Løsningsforslag

Kapittel 1   Substantiv (§§ 21-32)

1. Sett inn artikkel (§§ 21-23):
1. Vi har to barn, ___ jente og ___ gutt.
2. Petter har to søsken, ___ bror og ___ søster.
3. I dyrehaven så vi ___ esel, ___ elefant og ___ løve.
4. Det er ___ interesse jeg deler med deg.
5. Martin fikk ___ følelse av at noe ikke stemte.
6. Politiet hadde sperret av ___ helt kvartal.
7. I går åpnet ___ nytt diskotek i Fredrikstad.
8. Nyheten kom som ___ stor overraskelse på alle.
9. Onkel Olav hadde ___ forkjærlighet for Ibsens yngre verker.
10. Det var ikke lett å finne ___ søndagsåpent bakeri.
11. Fiolinisten demonstrerte ___ blendende teknikk.
12. Pasienten ble behandlet av ___ kvinnelig lege.
13. Det er ___ oppfatning jeg ikke deler.
14. Knut Hamsun skal ha hatt ___ vanskelig barndom.
15. Det tror jeg neppe er ___ stort problem.
16. Vestlandet er kjent for ___ storslått natur.
17. De gikk med en feiltakelse av toget ___ stasjon for tidlig.
18. Jeg så ___ spennende program på Nrk2 i går.
19. Nordmenn har lenge vært stolte av at Norge er ___ demokrati.
20. ___ overdreven nasjonalisme fører sjelden til noe godt.
21. Min far var ___ rødglødende sosialist i sin ungdom.
22. På festen var ___ hemningsløs dansing og synging uten like.
23. Han skal være ___ fjern slektning av Edvard Munch.
24. Det var vanskelig å finne ___ motiv for drapet.
25. Onkel Øyvind har ___ god pensjon.
26. Quart-festivalen i Kristiansand er ___ typisk ungdoms-festival.
27. Det er svært viktig med ___ godt bibliotek.
28. Ulike kulturer kan ha ___ litt forskjellig virkelighets-forståelse.

29. Lise hadde sydd ___ helt ny bunad til 17. mai.
30. Det er delte meninger om lutefisk er ___ delikatesse.
31. Hun leverte ___ sterk søknad.

2. Gjør ferdig setningene. Bruk ordene i parentesen (§ 24):
Eksempel: (Brannvesen, biler) __ er røde. → Brannvesenets
biler er røde.

1. Mange var misfornøyde med ___ (prest, tale).
2. Hun hadde skrevet ei bok om ___ (angst, vesen).
3. ___ (Studenter, arbeid) var under enhver kritikk.
4. Liker du ___ (høst, moter)?
5. Det ligger i ___ (sak, natur).
6. Han forstod ikke helt ___ (forslag, intensjon).
7. ___ (Tidsskrift, redaktør) skrev en krass lederartikkel.
8. De profesjonelle ___ (fotballspillere, inntekter) har gått rett
til værs de siste årene.
9. ___ (Kommunestyre, vedtak) fikk mange til å riste på hodet.
10. ___ (År, valgkamp) i Norge var preget av mye tom retorikk.
11. ___ (Bok, innhold) ble heftig diskutert.

3. Oversett til norsk. Bruk genitiv der det er mulig**(§ 24):
1. Die Bemerkungen des Verteidigungsministers lösten bei
vielen großes Erstaunen aus.
2. Die norwegischen Schulen kümmern sich um das
Wohlbefinden der Schüler.
3. Wir sollen die Bedeutung der wirtschaftlichen
Rahmenbedingungen nicht unterschätzen.
4. Die Grenzen zwischen der Welt der Erwachsenen und der
Kinder sind in den nordischen Ländern fließend geworden.
5. Mehr als ein Drittel aller Passagiere waren Kinder.
6. Eva war an diesem Tag ungewöhnlich schlechter Laune.
7. Der alte Lehrer war der festen Überzeugung, dass die
Übersetzungsaufgaben nützlich waren.

8. Meines Erachtens kann das diskutiert werden, aber es ist nicht der Mühe wert.
9. Wollen wir in den Ferien eine Tour ins Gebirge machen?
10. Während des Krieges wohnten sie weit außerhalb der Stadt.
11. Es ist eine Strecke von vier Meilen (vierzig Kilometern), so dass die Tour wohl eine halbe Stunde dauern wird.
12. Dann sehen wir uns in ungefähr einer Woche.

4. Erstatt genitivuttrykket med et preposisjonsuttrykk (§ 25):
Eksempel: *Jentas sykkel* var blå. → *Sykkelen til jenta* var blå.

1. *Lærerens formaninger* prellet av på elevene.
2. *Bokas første kapittel* var fullt av feil.
3. Frode er *bakerens sønn.*
4. Det er *Heges briller.*
5. *Regjeringens forslag* ble dårlig mottatt.
6. Hun var en av *avisens mest erfarne journalister.*
7. *Årets statsbudsjett* inneholder ytterligere skatteletter.
8. *Landets beliggenhet* er årsaken til at det så ofte er i krig.
9. *Københavns innbyggere* liker ikke den nye teaterbygningen.
10. *Kjells bil* er på verksted.
11. *Bestemors hund* ble drept av en bil.
12. *Byens dyreste restauranter* ligger i gågata.
13. *Husets tak* måtte repareres.
14. Liker du *kjolens farge?*
15. *Bokas innhold* var uforståelig.
16. *Hassans oppholdstillatelse* måtte fornyes.
17. *Stines mann* kommer fra India.
18. *Islands hovedstad* heter Reykjavik.
19. Det går mange stier til *fjellets topp.*
20. *Firmaets sjef* hadde invitert alle medarbeiderne sine på sommerfesten.
21. Hun grep fatt i *kattens hale.*
22. *Annes barn* kommer i dag hjem fra klasseturen.
23. *Husets fasade* ble malt på ny i fjor.

5. Sett inn substantivene i parentesen i riktig form (§ 26-29):
1. Asgeir har faktisk kjøpt to ___ (båt).
2. Lukk ___ (dør)!
3. De drakk av de gamle ___ (glass).
4. Leif forsøkte å lære ___ (trafikkregel).
5. Farmor kunne mange spennende ___ (eventyr).
6. Thomas og Camilla satte seg på ___ (sykkel) sine.
7. Han bare trakk på ___ (skulder) av nyheten.
8. Ingen regel uten ___ (unntak).
9. Det er vanlig å spise ___ (vaffel) med syltetøy i Norge.
10. Den ___ (natt) ble det et fryktelig tordenvær.
11. Dette ___ (forhold) må tas i betraktning.
12. Det skjedde den første ___ (sommer) de var sammen.
13. Mangemillionæren startet med to tomme ___ (hand).
14. Har du hilst på ___ (bror) mine?
15. I de snøfrie ___ (vinter) selges det lite skiutstyr.
16. Har du lest den siste ___ (bok) til Ari Behn?
17. Det er det hyggeligste ___ (besøk) jeg har vært på!
18. Har du hørt at Ole Andreas kuttet seg i ___ (finger) i går?
19. Da jegeren hadde gitt opp, fikk han brått se to ___ (and).
20. Vet du hvor de nye ___ (kaffefilter) ligger?
21. Flesteparten av ___ (bonde) var misfornøyde med prisnivået.
22. Langs de fleste ___ (strand) lå det et seigt belte av olje.
23. Vi håper du ikke synes ___ (eksempel) i denne boka er for vanskelige.
24. Anne Kathrine syntes hun hadde altfor store ___ (fot).
25. ___ (Gulrot) er sunt for ___ (tann).
26. De røde ___ (eple) som lå på bordet, så fristende ut.
27. Begge ___ (hand) var like kalde og frosne.
28. Like før mål tok ___ (kraft) slutt.
29. Gamle onkel Trygve har fått vondt i ___ (kne).
30. (Baker) ___ i byen vurderte å sette opp prisen på brød.
31. Neglene på ___ (tå) var lange som ___ (klo).
32. De tok av seg ___ (forkle) sine.
33. Det var både ___ (nordmann) og ___ (tysker) til stede.

34. Det stod tre ____ (benk) i den lille parken.
35. På eiendommen stod det mange høye ____ (tre).
36. Konferansen var først og fremst beregnet for ____ (lærer).
37. Det ser ut til at arbeidet vårt bærer ____ (frukt).
38. Det lå en haug med skitne ____ (håndkle) på badet.
39. Det er ikke lett å se sine egne ____ (feil).
40. I bakgården var ____ (snor) fulle av tøy.
41. De eldste ____ (barn) synes leken var litt kjedelig.
42. I ettertid var det mange ____ (ting) han gjerne skulle ha gjort annerledes.
43. De tok på seg ____ (ski) sine.
44. Da politiet kom, tok de ____ (bein) på nakken og løp.
45. Jeg har kjøpt et nytt par ____ (sko).
46. I gamle dager var det ikke uvanlig med ____ (mus) og ____ lus både på landet og i byene.
47. Boka kostet 98 kroner og 50 ____ (øre).
48. Mange ____ (mor) kan ha en tendens til å være ekstra kritiske mot ____ (datter) sine.
49. På hyttegulvet krøp en masse ____ (maur) omkring.
50. Det eneste Jonas fikk på fisketuren var to ____ (sild).
51. Vi spiser mye ____ (laks) og ____ (torsk).
52. ____ (Søster) mi heter Kari.
53. ____ (Spørsmål) er om vi ikke skal gi oss?
54. Hvor mange ____ (søsken) har du?
55. Vi må kjøpe mer ____ (grønnsaker), men vi har nok ____ (frukt).

6. Sett inn substantivet i riktig form (§§ 26-29):

1. *båt*:
a) For to måneder siden kjøpte vi en ny ____. b) ____ var meget gammel. c) Vi måtte øse ____. d) ____ ble malt rød. e) Nå er den en av de fineste ____ jeg noen gang har sett. f) De fleste andre ____ er større enn ____ vår, men vi er veldig fornøyde med vår.

2. *lærer*:
a) Jens er ___ i fransk og engelsk. b) Den gamle ___ ble pensjonist. c) Utdannelsen av ___ i Tyskland er helt annerledes enn i Norge. d) Det var mange ___ fra Italia på ferga. e) ___ som vi traff i restauranten, var ikke fornøyd med jobben sin. f) ___ var ikke fornøyd med elevene sine.

3. *dør*:
a) Lukk ___! b) De hadde et møte for lukkede ___. c) Man skal feie for sin egen ___. d) Det stod et underlig menneske utenfor ___. e) Det banket på ___. f) Vi må snart male ___. g) Sommeren står for ___.

4. *barn*:
a) Små ___ kan være meget anstrengende. b) Eli fikk ___ i desember. c) Han er et stort ___. d) Det lille ___ lo høyt. e) Harald og Hanne har tre ___. f) Vi må kjøpe billetter til to voksne og fire ___. g) Jeg er glad i ___ mine.

5. *bok*:
a) Har du lest ___ om Knut Hamsun? b) ___ er utsolgt. c) Det står ikke i ___. d) Jeg liker den nye ___ av Kjetil Bjørnstad. e) Hun taler som ei ___. f) Det selges mange gode ___ i bokhandelen. g) Etter at jeg hadde lest begge ___, forstod jeg alt. h) Kan jeg få låne ___ di? i) Forfatteren av de to ___ er spansk.

6. *glass*:
a) ___ gikk i stykker. b) Det var sterke ___ i brillene. c) Vil du ha et ___ mineralvann? d) Vi skal ha tre ___ øl og et ___ vin. e) De ___ der borte er skitne.

7. *øy*:
a) Hva heter denne ___? b) De tok taxibåten ut til ___. c) Island er ei ___. d) Danmark har mer enn 480 ___.

6

8. *ting*:
a) Alle gode ___ er tre. b) Jeg har tusen ___ å gjøre. c) Vi er tilfredse med ___ tilstand. d) Dette er virkelig viktige ___ å tenke på. e) Å lære seg norsk er ___!

9. *hus*:
a) Han har bygget nytt ___ . b) Vi skal leie ___ deres. c) ___ vårt er rødt. d) De leter etter et gammelt ___ . e) Gamle ___ er ofte veldig hyggelige. f) Alle ___ der borte er til salgs.

10. *uke*:
a) Den siste ___ var anstrengende. b) Det er 52 ___ i året. c) Hver ___ går jeg på norskkurs. d) Studentene skal få eksamensresultatene i løpet av ___ . e) Hun tjener bare 1600 kroner i ___ .

11. *dag*:
a) Ei uke har sju ___ . b) Jeg drikker kaffe hver ___ . c) For fire ___ siden var vi på kino. d) Det er midt på ___ og Per sover ennå. e) Om noen ___ reiser vi til Australia. f) Han har vært syk de siste ___ . g) Roma ble ikke bygd på en ___ .

12. *tre*:
a) I skogen ble det hogget ned mange gamle ___ . b) Jeg ser ikke skogen for bare ___ . c) I toppen av ___ sitter et ekorn. d) Skapet er laget i ___ . e) Barn liker å klatre i ___ . f) Det gamle ___ er en alm.

13. *ord*:
a) Hvordan skal jeg oversette dette ___? b) Det var et vanskelig ___ . c) Du har ikke sagt et eneste ___ i hele kveld. d) Kan du forklare det med andre ___? e) Jeg måtte alltid veie mine ___ når jeg snakket med henne. f) Det ene ___ tok det andre.

14. *eple*:
a) Hvilke ___ kan du anbefale? b) ___ faller ikke langt fra stammen. c) ___ er den vanligste frukten i Norge.

15. *tann*:
a) Har du pusset ___ dine? b) Tannlegen måtte trekke ei ___. c) Jeg skulle gjerne hatt hvitere ___. d) Den ___ er helt råtten.

16. *klokke*:
a) Hva er ___? b) Vi skal møtes ___ ett. c) Har du fått ny ___? d) Den nye ___ di er sikkert dyr. e) ___ er fem over tre. f) Vi må stille ___ våre når det blir sommertid.

17. *avis*:
a) Hvilke ___ leser du? b) Kan du anbefale en god ___? c) Det er flere nordmenn enn tyskere som leser ___. d) Det står en artikkel om Håkon og Mette Marit i ___.

7. **Oversett til norsk*** (§§ 26-29):
   1. In diesem Jahr sind mehrere neue Verkehrsregeln herausgekommen.
   2. Kaufst du drei Bücher, bezahlst du nur 40 Kronen pro Buch.
   3. Kannst du mir Geld leihen?
   4. Leider gibt es viele Lehrer, die langweilig sind.
   5. Hast du die Zähne geputzt?
   6. Es ist nicht alles Gold, was glänzt.
   7. Es gibt ständig weniger Bauern in Norwegen.
   8. Kannst du mir ein spannendes Märchen erzählen?
   9. An der Küste Südnorwegens sind nun mehrere Winter fast schneefrei gewesen.
   10. Wir sollten unsere Fahrräder häufiger benutzen.
   11. Meine Eltern sind geschieden.
   12. Es gibt unglaublich viele Mücken im Sommer in der Finnmarksvidda.

13. Du musst die Hände waschen, bevor du dich an den Tisch setzt.
14. Die letzten Sommer haben wir ein Hütte auf Skåtøy gemietet.
15. Ich habe noch zwei Geschwister.
16. Es geschah nicht in der ersten Nacht, sondern drei Nächte später.
17. In fast allen Sprachen gibt es Ausnahmen von den grammatischen Hauptregeln.
18. Obst und Gemüse sind gesund.
19. Meine Brüder sind gerade aus Amerika nach Hause gekommen.
20. Hast du meine Schwester begrüßt?
21. Hast du meine Brille gesehen?
22. Die Scheren des Hummers müssen mit Stahldraht zusammen gebunden werden, wenn sie gefangen werden, so dass sie sich nicht gegenseitig verletzen.
23. Die Bäume im Park wurden Anfang des vorigen Jahrhunderts gepflanzt.
24. Für den Kuchen benötigt man 500 Gramm Mehl und 125 Gramm Zucker.
25. Wegen des steigenden Wohlstandes kaufen viele Norweger ständig teurere Autos und Boote.
26. Es gibt viele Dinge, die wir noch vor den Ferien machen müssen.
27. Du solltest deine Füße etwas öfter waschen.
28. In den letzten Wochen hat es fast unaufhörlich geregnet.
29. Am Strand lag ein Haufen mit altem Müll.
30. Nimmt Jostein seine Wasserskier mit?
31. Ich habe Äpfel und Birnen gekauft, aber brauchen wir auch Kartoffeln und Möhren?
32. Weil Marit allergisch gegen Nickel ist, kauft sie nur noch Schmuck aus Silber oder Gold.
33. Im Winter ist es wichtig, keine nassen Füße zu bekommen.
34. Die Kinder unserer Freunde bekommen fast alles erlaubt.

35. Meine Schwägerin hat mehr Schuhe als sie eigentlich braucht.
36. Kleider machen Leute.
37. Vetter Anton tritt den Menschen oft auf die Zehen, ohne es zu wollen.
38. Obwohl er acht Gläser Bier getrunken hatte, fühlte er sich ganz nüchtern.
39. Haben deine Kinder schon Masern gehabt?
40. Die Werkstatt fand an meinem Auto leider noch weitere Mängel.
41. Vielleicht solltest du nun eine Pause machen.

8. Oversett til tysk (§§ 21-32):

1. Emma liker godt brødrene mine.
2. Det var ingen stor overraskelse at Harry Potter-bøkene var bestselgere i Norge i fjor også.
3. Nordmenn og tyskere reiser ofte til varmere strøk om vinteren.
4. Det lekte en mengde unger mellom søppelkassene i bakgården.
5. Jeg spiser verken torsk eller sild, men liker ganske godt makrell.
6. Tante Lise har en forkjærlighet for å kjøpe nye sko.
7. Sunniva synes hun har fått nok barn, men Anders vil gjerne ha flere.
8. Det er ikke lett å leve av å være kunstner.
9. I ettertid kan vi se at kritikken var berettiget.
10. Døtre er vanligvis oftere på besøk hos foreldrene sine enn sønnene er.
11. Det er ikke uvanlig at søsken krangler. Det gjelder både brødre og søstre.
12. Du må ta på deg langbukser, for det er kaldt ute.
13. Hva slags musikk liker du?
14. Hjertelig til lykke med fødselsdagen!
15. Lykke til med de neste oppgavene!

9. Oversett til norsk (§§ 21-32):

1. Gefällt dir meine neue Brille?
2. Es war eine große Überraschung, dass Lise für den 17. Mai eine ganz neue Tracht genäht hatte.
3. Vidar hat fünf Geschwister, drei Brüder und zwei Schwestern.
4. Viele Künstler sollen eine schwere Kindheit gehabt haben.
5. Hast du alle Harry-Potter-Bücher gelesen?
6. Sie waren Eltern von vier Kindern, zwei Töchtern und zwei Söhnen.
7. Es ist eine allgemeine Auffassung, dass der diesjährige Wahlkampf in Norwegen langweilig war.
8. Die Vorliebe des alten Lehrers für Übersetzungsübungen war ein Problem für viele Schüler.
9. Es war nicht einfach, ein gutes Motiv für den Mord zu finden.
10. Er versteht nicht ganz, warum der Vorschlag so heftig kritisiert wurde.
11. Mehr als ein Fünftel der Bauern schläft nachts schlecht.
12. Auf dem Tisch lagen Äpfel und Möhren.
13. Auf dem Hüttenfußboden stand ein Paar funkelnagelneuer Schuhe.
14. Bei der Angeltour hatte er sowohl Dorsch als auch Hering gefangen.
15. Wie heißt deine Schwester?
16. Im Nachhinein kann ich meine eigenen Fehler leichter sehen.
17. Norweger und Deutsche haben vieles gemeinsam.
18. Das Spiel war vor allem für jüngere Kinder bestimmt.
19. Im Hinterhof lagen mehrere alte Fahrräder.
20. Dies ist die letzte Aufgabe in diesem Kapitel.

Kapittel 2   Artikler (§§ 33-37)

10. Sett inn ubestemt artikkel *en*, *ei* eller *et* (§§ 33, 34):
1. I dag må jeg gå i ___ butikk og kjøpe ___ stykke ost, ___ liter melk, ___ brød og ___ flaske øl.
2. Etter at hun hadde lest ___ stund, ble hun veldig trøtt.
3. Det var vanskelig å finne ___ bukse og ___ jakke i denne størrelsen.
4. Har du lyst til å gå ___ tur i skogen?
5. Andreas må straks finne ___ ny jobb.
6. Han ble sykemeldt i ___ uke.
7. Greta sendte ___ bok til meg.
8. Læreren gav ___ eple til hver av elevene.
9. Edvard Munch er ___ kjent, norsk maler.
10. Det kommer sikkert til å bli ___ fin høst.
11. Jeg må kjøpe ___ ny bil.
12. Alle tok med seg ___ flaske vin.
13. Naboene våre fikk for to uker siden ___ barn.
14. Besteforeldrene skal få ___ bilde av barnebarna sine til jul.
15. Vi må straks finne ___ løsning.
16. Kunne du legge inn ___ godt ord for henne?
17. Langt borte fra byen lå det ___ lite hus med ___ stor hage.
18. Hun fikk ___ brev fra ___ venninne i Amerika.
19. Det er ___ forutsetning at alle har gjort minst ___ oppgave.
20. Hytta lå nede i ___ trang dal.
21. På ___ bord i gangen hadde noen satt ___ blomstervase.
22. Jeg kjenner ___ hund som heter Passopp.
23. Han hadde ___ merkelig navn.
24. Det er bedre med ___ fugl i hånden enn ti på taket.
25. Boka må ligge her ___ sted.
26. Han var ___ torn i øyet for henne.
27. Vi er kommet til ___ punkt der vi må bestemme oss.
28. Det blir ___ hard nøtt å knekke.
29. Det ble ___ underlig besøk.

30. Ulven er ___ dyr som mange frykter.
31. Dan Henrik var ___ godt menneske.
32. Det kom ___ rop om hjelp nede fra elva.
33. På ___ benk i parken lå det en mann og sov.
34. Det satt ___ lita mus på gulvet.
35. Papaya er ennå ___ relativt ukjent frukt i Norge.
36. Tove har ___ vakkert ansikt.
37. Halden er ikke ___ stor by.
38. Jeg må kjøpe ___ ny skjorte.
39. Det ble bygget ___ vegg tvers gjennom rommet.
40. Fotballspilleren hadde fått ___ alvorlig skade.
41. Hildegunn har fått ___ flott, nytt kamera.
42. Hun kjente ___ ubestemmelig smerte.
43. Mads spiller gitar i ___ band.
44. Alfred er ___ nabo som jeg liker godt.
45. Aleksander jobber i ___ bar.
46. Det er ___ bekymring jeg deler fullt ut med deg.
47. Det stod ___ kalv på jordet.
48. Glassene sto på ___ brett.
49. Skal vi bestemme ___ dato?
50. Karsten har fått ___ flunkende ny moped.
51. Det var ___ stort hull i taket.
52. Dette er ___ detalj som er uten betydning.
53. Har Stavanger ___ universitet?
54. Ivar har ___ sterk tro.
55. Jeg begynner å se ___ mønster i den merkelige oppførselen
    hennes.
56. Mette Marit hadde på seg ___ rosa kjole.
57. Norge er ennå ___ svært ung nasjon.
58. Mormor har ___ hjerte av gull.
59. De hadde fått ___ teppe i presang.
60. Er *ei* ___ artikkel eller ___ tallord?
61. Er det ___ viktig spørsmål?
62. Har vi ___ avtale?
63. Nå bør du ta ___ kort pause.

11. Sett inn substantivene i parentesen i bestemt form (§ 36):
Eksempel: (Gutt) ___ smilte. → Gutten smilte.

1. (Lege) ___ skrev ut en resept til henne.
2. Vi bodde der den ___ (uke).
3. (Omslag) ___ på ___ (bok) var blått.
4. Plutselig kom ___ (sol) til syne.
5. Hege bodde hos ___ (brødre) sine.
6. ___ (unger) kom stormende inn i ___ (stue).
7. Alle ___ (studenter) som gikk på ___ (norskkurs), var misfornøyde med ___ (øvingsbok) i grammatikk.
8. ___ (hovedstad) i Tyskland heter Berlin.
9. Hele ___ (nasjon) markerte hundreårsdagen for unionsoppløsningen i juni 2005.
10. ___ (gjester) takket høflig for ___ (mat).
11. ___ (kjole) hun hadde på seg, var helt ny.
12. Kan du låne meg ___ (blyant) din?
13. Det ___ (mønster) du viste meg først, er penest.
14. Vi snakkes sammen i ___ (pause).
15. Utsagnet bare styrket henne i ___ (tro) på at hun hadde rett.
16. Den ___ (dag) leste han i ___ (avis) at ___ (pris) på strøm var på veg oppover igjen.
17. ___ (vaskemaskin) i ___ (bokollektiv) er ofte i stykker.
18. Jeg har studert på ___ (universitet) i Oslo.
19. ___ (spørsmål) er om dette er en god idé.
20. ___ (detaljer) kan ofte være viktige.
21. Både ___ (nordmenn) og ___ (tyskere) på ___ (sted) ble sjokkert over ___ (oppførsel) til ___ (hotellpersonal).
22. På fredag skal jeg se ___ (forestilling) i ___ (opera).
23. De store ___ (hull) i asfalten skapte problemer for bilene.
24. Har du sett den nye ___ (moped) til Henrik?
25. ___ (kamera) til Jens skal ha kostet over ti tusen kroner.
26. Det blir stadig færre medlemmer i ___ (avholdsbevegelse).
27. Er ___ (datoer) fastsatt?
28. ___ (snøbrett) av fjorårets modell selges for halv pris nå.

29. De ubestemte ___ (artikkel) heter *en, ei* og *et.*
30. ___ (bekymring) du uttrykker er helt grunnløs.
31. Den ___ (natt) hun fødte ___ (barn), var ___ (jordmor) syk.
32. ___ (bar) på hotellet lå i kjelleren.
33. ___ (teppe) må vaskes.
34. ___ (nabo) mine er svært rolige.
35. ___ (brev) fra ___ (kommune) kom tidlig om ___ (morgen)
    med ___ (postbud).
36. ___ (vind) ble sterkere utover ___ (dag).
37. ___ (smerter) kom og gikk.
38. Fredrik har dessverre problemer med ___ (hjerte).
39. ___ (skader) etter ___ (storm) var omfattende.
40. Hele ___ (liv) hadde hun ___ (evne) til å se lyst på ___
    (tilværelse).
41. Han trakk ___ (pust) dypt, og la seg forsiktig ned på ___
    (seng).
42. Det hang et stort maleri på ___ (vegg).
43. Denne___ (skjorte) burde ha vært strøket.
44. Jeg vil heller bo i ___ (by) enn på ___ (land).
45. Han hadde et stort plaster i ___ (ansikt).
46. Det er nå vi skal høste ___ (frukter) av ___ (arbeid).
47. ___ (benker) var malt lysegrønne.
48. De fortvilte ___ (rop) kunne høres lang veg.
49. De første ___ (menneske) kom hit for over titusen år siden.
50. En kjent norsk barnesang heter "___ (Dyr) i Afrika".
51. Jeg gleder meg alltid til ___ (besøk) dine.
52. Ekornet spiste opp halvparten av ___ (nøtter).
53. Nå er vi enige i de viktigste ___ (punkt) i avtalen.
54. ___ (torn) hun stakk seg på, var giftig.
55. ___ (sted) jeg bor på, ligger temmelig avsides.
56. Snart kommer ___ (trekkfugler) tilbake.
57. Jeg husker ikke lenger ___ (navn) hans.
58. ___ (hunder) kom løpende ned ___ (veg).
59. ___ (Hotell) lå nede i ___ (dal).
60. ___ (mat) står på ___ (bord).

12. Sett inn ordene i parentesen i rett form, og bruk bestemt eller ubestemt artikkel der det er mulig (§§ 34-37):

_____ (beste venner) vi har, heter Jorunn og Bjarne. Jorunn er _____ (lege), og alle sier at hun er _____ (flink lege). Bjarne er ___ (sønn) av ___ (lærer), og har valgt samme _____ (yrke) selv. Vanligvis er de ofte på _____ (hytte) på ___ (fjell), men _____ (siste halve år) har de bygd ___ (nytt hus). Det er ___ (flotteste hus) du kan tenke deg. _____ (ny bil) har de også kjøpt, så de må ha _____ (god råd). Selv om Jorunn venter ___ (barn) i _____ (oktober), har de planlagt ___ (reise) til Italia til _____ (sommer). Da vil de reise med _____ (tog). Vi har ikke ___ (mot) til å kjøre _____ (bil) i Italia, sier begge. Under _____ (forutsetning) av at de liker seg, kan de siden tenke seg å kjøpe _____ (feriebolig) i Toscana.

13. Oversett til tysk (§§ 33-37):
1. Vet du svaret?
2. Jeg vil gjerne ha et rom med dusj og toalett.
3. De utenlandske studentene satt på siste rad.
4. Det lille bildet der borte henger skjevt.
5. Kan du gi meg et eple og ei pære?
6. Har du husket å takke for maten?
7. Arbeider du på kontor?
8. Han måtte velge en sunnere livsstil.
9. Om sommeren drar vi ofte på sykkeltur.
10. Problemet er å finne en jobb.
11. Kirsten hadde dårlig samvittighet.
12. Bor du i andre etasje?
13. Reiser du med bil eller med buss?
14. Det er mye snø på fjellet nå.
15. Hytta deres ligger ved sjøen.
16. Kjenner du noen nordmenn?
17. På venstre side kan dere se universitetet.
18. Skal du delta på seminaret?
19. Da vi kom hjem fra ferie, var vi temmelig trøtte.

20. Første gang jeg møtte henne, var sist sommer.
21. Den dagen kom vinden fra nord.
22. Nina er lege.
23. Hvor har du vært i sommer?
24. Det er svært dyrt å bestille øl eller vin på restaurant i Norge.
25. Hele dagen arbeidet hun med norskoppgavene.
26. Først skal Tom og jeg spise middag og deretter gå på kino.
27. Står det noe nytt i avisa?
28. Siste uke var vi i Sveits.
29. Eva og Petter venter barn, så nå skal de bygge hus.
30. Lørdag skal vi på båttur på Mjøsa.

14. Oversett til norsk (§§ 33-37):
1. Siehst du das schöne Bild dort?
2. Die Hauptstadt von Norwegen heißt Oslo.
3. Normalerweise bedankt man sich in Norwegen nach dem Essen.
4. Was habt ihr in der letzten Woche gemacht?
5. Wo hast du den tollen Rock gekauft?
6. Das Wetter in diesem Sommer war sehr gut.
7. Das Publikum war begeistert.
8. Hast du einen deutschen oder einen norwegischen Pass?
9. Fährst du mit dem Bus nach Prag?
10. Wir sind auf dem Weg nach Tromsø.
11. Ich habe mein ganzes Leben im Büro gearbeitet.
12. Die Studenten haben viel zu tun.
13. Kannst du mir das Buch leihen?
14. Sie ist Ärztin.
15. Wenn morgen die Sonne scheint, machen wir eine Radtour.
16. Wir müssen für unser Fest Bier und Wein kaufen.
17. Die Kinder spielen den ganzen Tag im Wald.
18. Hast du den neuen Film mit Tom Hanks in der Hauptrolle gesehen?
19. Erling versucht in Kristiansand einen Job zu finden.
20. Ich habe ein schlechtes Gewissen.

21. Sie wohnen im 2. Obergeschoss.
22. Wir werden im nächsten Jahr mit dem Zug nach Frankreich fahren.
23. Viele ältere Norweger verbringen den Winter im Süden.
24. Norwegen ist Mitglied der NATO.
25. Der Arzt hat ihm eine gesündere Lebensweise empfohlen.
26. Meine Tochter hat 40° Fieber.
27. Maria kommt aus den Niederlanden.
28. Sollen wir ins Kino gehen?
29. Wir essen um 17.00 Uhr zu Mittag.
30. Die schmutzigen Hosen habe ich in die Waschmaschine gesteckt.
31. In Norwegen ist es teuer, im Restaurant zu essen.
32. Hast du schon die Zeitung gelesen?
33. Warst du schon einmal in der Schweiz?
34. Lise erwartet im Juli ein Kind.
35. Unsere Freunde haben gerade ein Haus gebaut.
36. Marie schreibt einen Brief.
37. Er ist im März geboren.
38. Am Freitag fahre ich nach Berlin.
39. Sie haben in Oslo an einem Sprachkurs teilgenommen.
40. Die Universität in Oslo wurde im Jahre 1811 gegründet.
41. Das letzte Mal, als ich ihn sah, kam er gerade aus dem Urlaub.
42. Ich habe Äpfel, Bananen, Kirschen und Birnen eingekauft.
43. Der Wind kommt aus Westen.
44. Ole Johan hat die Masern bekommen.
45. Das Haus liegt auf der linken Seite.
46. Halt bitte den Mund!
47. Die Zugfahrt von Voss nach Myrdal ist ein Erlebnis.
48. Viele Norweger besitzen eine Hütte im Gebirge oder am Meer.
49. Am 17. Mai 1814 wurde das norwegische Grundgesetz unterzeichnet.
50. Fährst du Auto?

51. Sie ist Lehrerin.
52. Könntest du bitte das Fenster öffnen?
53. In der letzten Reihe ist noch ein freier Platz.
54. Es war starker Wind.
55. Die ausländischen Studenten waren leider nicht voll integriert.
56. Gold ist ein Edelmetall.
57. Hast du deinen Arm in Gips?
58. Gestern waren wir am Hafen und haben frische Garnelen gekauft.
59. Alle Zimmer haben Dusche und Toilette.
60. Kannst du mir Geld leihen?
61. Das ist ein Problem.
62. Morgen werden wir einen Bootsausflug machen.
63. Die Zugverbindung nach Rostock ist nicht sehr gut.
64. Das war die logische Antwort.

Kapittel 3 Adjektiv (§§ 38-52)

15. Sett inn adjektivene i parentesene i riktig form (§ 38):
1. Jeg har kjøpt ei ___ (gul) skjorte.
2. Den ___ (gul) skjorta henger i skapet.
3. ___ (gul) skjorter er plutselig blitt moderne.
4. De ___ (gul) skjortene var på tilbud i dag.
5. Et ___ (rød) eple lå fristende på bordet.
6. Ole Petter spiste det ___ (rød) eplet.
7. Han liker best ___ (rød) epler.
8. Husker du hvor godt vi likte de ___ (rød) eplene i hagen til mormor?
9. Det er en veldig ___ (varm) dag i dag.
10. På den ___ (varm) dagen i forrige uke besøkte vi noen venner av oss.
11. Det er flere ___ (varm) dager i Norge om sommeren enn mange tror.
12. De ___ (varm) dagene i juli kan noen ganger nesten bli for ___ (varm).
13. Hun hadde et ___ (søt) ansikt.
14. Ved synet av det ___ (søt) ansiktet hennes steg pulsen hans merkbart.
15. Jeg har lyst til å gi henne et ___ (pen) skjerf til jul.
16. ___ (pen) klær er ofte dyre.
17. På den glatte vegen skjedde ei ___ (stygg) ulykke.
18. Jeg synes det høres ut som et ___ (håpløs) forslag.
19. På ___ (sur) novemberkvelder likte hun best å sitte hjemme i sofakroken med ei ___ (god) bok.
20. Er kirsebærne ___ (moden)?
21. Det er et ___ (morsom) stykke.
22. Det var en ___ (mager) trøst.
23. Forslaget hans var ___ (god).
24. David og Jonas er ___ (syk).
25. Dette var en ___ (fin) oppgave!

16. Sett inn adjektivene i parentesene i riktig form (§§ 39-42):

1. Det var et helt ___ (ny) og temmelig ___ (sprø) forsøk på å gjøre en ___ (ny) vri.
2. Vi lever i et ___ (fri) land.
3. Det var ___ (blå) hav så langt de kunne se.
4. Den ___ (ny) læreren hadde et ___ (pen) og ___ (vennlig) ansikt.
5. Det ___ (smålig) forslaget ble møtt med taushet.
6. Det er et ___ (vanskelig), ___ (ømtålelig) og ___ (kontroversiell) spørsmål.
7. Hjemme hos noen ___ (tyrkisk) venner av meg henger både et ___ (norsk), et ___ (tyrkisk) og et ensfarget ___ (rød) flagg.
8. Det var et ___ (stor) ___ (økonomisk) løft for oss å bygge det ___ (ny) huset.
9. Han så på henne med et ___ (fiendlig), nærmest ___ (hatsk) ansiktsuttrykk.
10. Vi har hatt noen ___ (fantastisk) dager på fjellet i høstferien!
11. Det skulle siden vise seg at de det året hadde valgt et altfor ___ (dyr), men likevel temmelig ___ (trøtt) og ___ (trist) feriested.
12. På museet på Røros fikk vi et ___ (kort), men ___ (interessant) foredrag om den gamle bergverksdriften.
13. Det var et fullstendig ___ (vill), ja, nærmest ___ (absurd) forslag.
14. Trappa var utstyrt med et ___ (bred), svært ___ (vakker), og samtidig meget ___ (solid) rekkverk.
15. Den ___ (ny), ___ (blå) bilen hadde ___ (grå) skinnseter.
16. ___ (moderne) mennesker er opptatt av forurensningsproblematikken.
17. Det ___ (stakkars), ___ (utslitt), ___ (sovende) barnet satt i trappeoppgangen.
18. Det var et ___ (bra) tiltak.
19. ___ (sjalu) ektemenn kan finne på hva som helst.
20. De ___ (sky) dyrene gjemte seg i et lite skogholt.

17. Sett inn riktig form av *liten* (§ 43):

1. Ser du det ___ barnet der?
2. Hun kjøpte en ___ presang til dem.
3. Den ___ hundevalpen er svært søt.
4. Kan jeg få et ___ stykke geitost?
5. De ___ trærne kalles bonsai.
6. Der borte ligger en ___ butikk.
7. ___ jenter er ofte større enn ___ gutter.
8. Jeg har bare et ___ spørsmål.
9. Nå må du sove en ___ stund.
10. På norsk skriver man nesten alle ord med ___ bokstaver.
11. Eva har ei ___ søster og to ___ brødre.
12. Den ___ dukka er ikke di, men mi.

18. Sett inn riktig form av *annen* (§ 44):

1. Jeg leter etter et ___ hus.
2. Kan du gi meg det ___ brødet?
3. Man kan ikke bli et ___ menneske.
4. Har du et ___ eksempel?
5. Alle de ___ har gjort leksene sine.
6. Det ene barnet heter Kristian, og det ___ heter Inger.
7. Vet du et ___ ord for fjernsyn?
8. Jeg tror vi må gjøre noen ___ oppgaver.
9. Vi må velge et ___ program.
10. Kjersti har en ___ musikklærer enn Kari.
11. Den ___ øvelsen var vanskeligere enn denne.

19. Sett inn riktig form av *egen* (§ 45):

1. Vi har et ___ hus, ei ___ hytte og en ___ båt.
2. Geitost har en ___ smak.
3. Hun tok sin ___ sykkel.
4. Det er din ___ skyld.
5. Vi tar våre ___ kofferter.
6. Han står på ___ bein.
7. Har du ikke en ___ mening?

8. Du burde komme med noen ___ idéer snart.
9. Butikken har en ___ fruktavdeling.
10. Da gjør du det på ___ hånd.
11. Dere må gjøre det på ___ ansvar.
12. Alle må løse sine ___ problemer.

20. Sett inn adjektivene i parentesen i riktig form (§§ 43-45):

1. Han hadde ___ (liten) selvinnsikt.
2. Det kom et ___ (liten) barn mot meg. Da det kom nærmere, så jeg at det var ei ___ (liten) jente.
3. Det er riktignok en ___ (liten) endring, men den ___ (liten) forskjellen kan være svært avgjørende.
4. Alle de ___ (liten) barna i gata gledet seg til juletrefesten.
5. Noen ___ (liten) forandringer må vi nok foreta.
6. Et ___ (annen) eksempel vil kanskje passe bedre.
7. Det skal vi se på en ___ (annen) gang.
8. Den ene snakket uavbrutt, mens den ___ (annen) tidde helt still.
9. Skal jeg hente noen ___ (annen) sko til deg?
10. Hun hadde en ___ (egen) måte og et ___ (egen) håndlag med alt hun gjorde.
11. Du skal få bo i ei ___ (egen) hytte.
12. Det er av sine ___ (egen) en skal få høre sannheten!
13. Enda så ung han er, tjener han sine ___ (egen) penger, og han har allerede sitt ___ (egen) hus og sin ___ (egen) bil.

21. Oversett til norsk (§§ 38-45):

1. Könntest du sowohl gelbe als auch rote Kirschen kaufen?
2. Hast du die niedlichen Hundewelpen gesehen?
3. Vor zwei Wochen haben unsere Nachbarn einen neuen, blauen Volvo bekommen.
4. Zu Weihnachten bekam sie einen neuen Schal, zwei langweilige Bücher, eine unmoderne, gelbe Jacke, ein idiotisches Spiel und einen billigen Ball.
5. Sie hatte ein freundliches Lächeln.

6. Meine Großeltern hatten eine glückliche Kindheit.
7. Unsere norwegischen Freunde haben ein deutsches Aupairmädchen.
8. Du hast einen völlig falschen Eindruck von mir bekommen.
9. Von hier oben hat man eine fantastische Aussicht.
10. Das ist eine finanzielle Frage.
11. Er hielt einen kurzen, interessanten Vortrag.
12. Er trug ein neues, rotes Hemd.
13. Sie hat blaue Augen, braune Haare und dunkle Haut.
14. Sie verliefen sich in der fremden Stadt.
15. Jens und Inge haben ein tolles und schnelles Boot.
16. Wir haben unterschiedliche Interessen.
17. Erika trägt immer moderne Klamotten.
18. Der arme Kellner tat mir Leid.
19. Die Frau war wütend auf den eifersüchtigen Ehemann.
20. Rehe sind sehr scheue Tiere.
21. Das war ein schlauer Gedanke.

22. Sett inn adjektivene i parentesene i riktig form (§ 46):
1. Buksa er ___ (blå).
2. Skjørtet er ___ (gul).
3. Buksene er ___ (rød).
4. De syntes prisene var blitt for ___ (høy).
5. Både skjorta og slipset var ___ (ny).
6. Både slipset og skjorta var ___ (ny).
7. De fikk mange oppgaver, ___ (lang) som et vondt år.
8. På loftet stod et ___ (blå) skap, ___ (bred) som ei låvedør.

23. Sett inn adjektivene i parentesene i riktig form av komparativ eller superlativ (§ 47, 1-2):
1. Marianne er ___ (pen) enn Else.
2. De valgte det ___ (grønn) treet de kunne finne, til juletre.
3. Jeg håper virkelig ikke at nettene blir ___ (varm) nå.
4. Den dagen var hun verdens ___ (glad) menneske.

5. Studentene mine er ____ (flink) i år enn i fjor. Jeg tror nesten at de er de ____ (flink) som jeg noensinne har hatt.
6. Natt til onsdag var den ____ (kald) natta til nå i vinter.
7. Et ____ (fin) menneske enn henne skal du lete lenge etter.
8. Selv det ____ (tapper) menneske må av og til innse at slaget er tapt.
9. Det ____ (enkel) er ofte det beste.
10. Det er uten tvil den ____ (morsom) vitsen jeg noen gang har hørt.

24. Sett inn adjektivene i parentesene i riktig form av komparativ eller superlativ (§ 47, 3-4):

1. I år har ____ (få) tyskere enn vanlig feriert i Norge.
2. De valgte den ____ (lang) reiseruta.
3. Øivind er stor, Viktor er ____ (stor), men Arnstein er ____ (stor).
4. Tre er ____ (tung) enn papir, men bly er ____ (tung).
5. Andrea er ____ (ung) enn Maiken, men Gro er ____ (ung).
6. Det går ____ (god) og ____ (god).
7. Det er ikke den ____ (god) bilen i verden. Kanskje jeg burde bytte den ut med en ____ (ung) modell?
8. Mange har kjøpt denne boka, men enda ____ (mange) burde gjøre det.
9. Enda Frank ser mye ____ (gammel) ut enn jeg, er det faktisk jeg som er den ____ (gammel) av oss to.
10. Jeg får stadig ____ (liten) tid til å gjøre det jeg har lyst til.
11. Tilstanden til pasienten ble bare ____ og ____ (ille).
12. Mange ulykker – ja, kanskje de ____ (mange) – kunne vært unngått.

25. Oversett til tysk (§ 47,5):

1. De bakre stolsetene var temmelig nedslitte.
2. På den bakerste raden satt et ungt, forelsket par.
3. I den fremre delen av ballsalen stod et par unge, usikre menn.

4. Helt fremst satt danselæreren på en gebrekkelig stol.
5. I de indre gemakker løp tjenerne til og fra.
6. I det innerste hjørnet hadde noen satt fra seg en rød paraply.
7. Den ytre fasaden var dekket av en stor, halvt gjennomsiktig presenning.
8. Ytterst på brygga satt en flokk skrikende måker.
9. Den øvre delen av statuen var helt dekket av dueskitt.
10. Helt øverst på hodet hadde hun en merkelig liten hatt av strå, og på fanget hennes lå et loddent, lite dyr.
11. Langt borte i den nedre delen av gata kunne hun skimte en mørk skikkelse.
12. Helt nederst i vegen hadde noen kastet fra seg et bananskall.
13. Det var tre rader, og vi ble plassert i den midtre.
14. Midterst i festlokalet var det bygd opp en scene.

26. Sett inn riktige former av komparativ eller superlativ. Skriv om med *mer* og *mest* der det er mulig (§§ 47-52):

1. Han er den ___ (stor) skurken jeg kjenner.
2. En ___ (komplisert) sak skal du lete lenge etter.
3. Det er nok det ___ (interessant) utkastet i hele arkitektkonkurransen.
4. Eva hadde ___ (liten) inntekt i år enn i fjor.
5. Synes du ikke Berit er ___ (sympatisk) enn Jens?
6. Selv om de blomstene der borte er de ___ (dyr), er de på bordet her absolutt ___ (pen).
7. Jon Fosse er en av Norges ___ (kjent) dramatikere.
8. Thomas er ___ (kjekk) enn Hans, men Per Arne er uten tvil den ___ (kjekk) i klassen.
9. Den siste kriminalromanen til Jo Nesbø er ___ (spennende) enn den til Anne Holt.
10. Det er det ___ (omdiskutert) politiske spørsmålet i år.
11. Hvilken måned er ___ (kald) av januar og februar?
12. Denne ordningen er nok den ___ (praktisk) vi har hatt.
13. Lindesnes er Norges ___ (sørlig) punkt.

14. Et ___ (kritisert) forslag skal du lete lenge etter!
15. Det er ikke godt å si hvem som er ___ (berømt) av Ibsen og Goethe.
16. Tina har to brødre. Finn er den ___ (gammel).
17. De hadde aldri besøkt et ___ (stille) sted.
18. Juli var ___ (kjølig) enn august i år.
19. Norges ___ (lang) elv heter Glomma.
20. Fins det noen ___ (vakker) fjord enn Hardangerfjorden?

27. Oversett til norsk (§§ 38-52):
1. Der große Junge hatte eine warme Mütze, einen langen Schal, einen roten Pullover und grüne Fausthandschuhe an.
2. Beim Anblick des schlimmen Unfalls begann das kleine Kind zu weinen.
3. Zu Hause bei unseren bemitleidenswerten Freunden saß ein Haufen kreischender Krähen im Garten.
4. In die innerste Ecke hatte jemand eine Bananenschale geworfen.
5. Die äußere Fassade des Gebäudes war ziemlich heruntergekommen.
6. Øivind glaubt, dass er das beste und schönste Auto der Welt gekauft hat.
7. Es sollte sich später zeigen, dass die Maßnahme ziemlich heikel und kontrovers war.
8. Einer der bekanntesten Schauspieler Norwegens versuchte sich in einer neuen Rolle.
9. Der interessanteste, aber ziemlich kontroverse Vorschlag war unmöglich durchzuführen.
10. Der Mann hatte einen feindlichen, fast gehässigen Gesichtsausdruck.
11. Ganz an der Kante des Bootssteges saß ein älterer Mann auf einem zerbrechlichen Stuhl mit einem großen, roten Regenschirm auf dem Schoß.
12. Ich bin glücklicherweise viel größer als du.

13. Johannes ist einer der konservativsten und altmodischsten Menschen, die ich jemals getroffen habe.
14. Das sind Tomaten der besten Sorte.
15. Du wirst lange nach einem netteren Kerl als Hans suchen!
16. Martin hat ein breites und solides Geländer im Treppenaufgang gebaut.
17. Den Ort, den wir für die Herbstferien im Gebirge ausgesucht hatten, erwies sich als ziemlich teuer.
18. Eva hatte ein geringes Einkommen im vergangenen Jahr und in diesem Jahr leider noch weniger.
19. Ich habe Lust zu Hause in der Sofaecke mit einem guten Buch zu sitzen.
20. Wenn die Novemberabende nasskalt sind, ist es gemütlich, schön warm zu Hause zu sitzen.

Kapittel 4   Tallord (§§ 53-59)

28. Skriv tallene med bokstaver (§§ 53-55):
1. Barna mine er nå 5, 7, 9 og 12 år gamle.
2. Foreldrene mine fylte nylig 80 år.
3. Jeg har kjøpt meg 1 bok, 1 avis og 1 ukeblad.
4. Han har fødselsdag den 27. august.
5. Dyreparken åpner 1. april.
6. Hun fikk 17 røde roser til bryllupsdagen.
7. Fra 1814 til 1905 var Norge i union med Sverige.
8. Klokka er allerede 1.
9. Kan du ringe til meg 5 over 7?
10. Skolen slutter i dag 10 på 1.
11. De måtte betale 87 kroner til sammen.
12. Bussen går klokka 15.30.
13. Den gamle bilen kostet 41.700 kroner.
14. Fra Oslo til Bergen er det 484 kilometer.
15. Det er 2.042 kilometer fra Kristiansand til Tromsø.
16. Ole er 1 meter og 83 centimeter lang.
17. Telefonnummeret mitt er 32 76 97 01.
18. Han bor i Kirkegata 54.
19. Jeg trenger 1 frimerke til 6 kroner.
20. 11 + 9 = 20.
21. 1 − 1 = 0.
22. 5 x 7 = 35.
23. 100 : 25 = 4.

29. Sett inn tallord (§ 53):
1. En time har ___ minutter.
2. Et døgn har ___ timer.
3. Året har ___ årstider.
4. En time har ___ sekunder.
5. Et år har ___ måneder.
6. Alle gode ting er ___.

7. Saturn er en av de ___ planetene.
8. April er den ___ måneden i året.
9. Han er i den ___ himmel.
10. Januar er den ___ måneden i året.
11. Han er ikke ved sine fulle ___.
12. Vi må snakke med hverandre under ___ øyne.
13. ___ takk!
14. "___ natt" er ei kjent bok.
15. Speilet gikk i ___ knas.
16. Det er så sikkert som ___ og ___ er ___.
17. Han er helst hjemme innenfor sine egne ___ vegger.
18. Det var gjort på ___, ___, ___.
19. Til ___ og sist håper jeg at dere har skjønt alt.

30. Oversett til tysk (§§ 56-58):
1. Tusenvis forsøkte siste uke å vinne i Lotto.
2. I klassen min er det tjuesju elever.
3. Har du en femmer?
4. For det første er det ferie, for det andre er det mitt på natta og for det tredje har jeg absolutt ikke lyst.
5. Det er sjette gang at Håvard flyr til Australia.
6. Tror du ikke halvannen desiliter fløte er passelig i denne retten?
7. Stian ble nummer åtte i konkurransen.
8. Den første fredagen i hver måned spiller Leif Erik kort med vennene sine.
9. To tredeler ganger fire tredeler er åtte nideler.
10. En tolvdel delt på en halv er en seksdel.
11. De norske skiskytterne var bare sju hundredels sekund fra å ta gull i stafetten i OL.
12. Vi gikk tre sammen på konserten.
13. Nesten en tredjedel av jentene i klassen hadde fått influensa.
14. Først på det åttende slaget klarte han endelig å få golvballen ned i hullet.
15. Selv om Gøril aldri trente, ble hun nest best i konkurransen.

31. Oversett til norsk (§§ 56-58):
1. Es waren Tausende beim Grönemeyer-Konzert.
2. Der Adventskalender hat vierundzwanzig kleine Fenster.
3. Kannst du mir einen Zehner wechseln?
4. Sie bekam einen Dreier in Englisch.
5. Das Büro liegt in der dritten Etage.
6. Sie sind zum ersten Mal in Amerika gewesen.
7. Erstens bin ich satt, zweitens mag ich keine Frikadellen und drittens muss ich abnehmen.
8. Zusätzlich brauchen wir anderthalb Kilo Möhren.
9. Sollen wir eine halbe Flasche Wein bestellen?
10. Ich hätte gerne ein Viertel Kilo Gehacktes.
11. Jeden zweiten Winter fahren sie zum Skilaufen nach Beitostølen.
12. An jedem ersten Mittwoch im Monat ist ein Elternabend in der Schule.
13. Erst beim vierten Versuch hat er die Führerscheinprüfung bestanden.
14. Wir sind zu acht ins Kino gegangen.

32. Oversett til tysk (§ 59):
1. I går var det den 17. desember.
2. Jeg antar at Eva er i slutten av femtiårene.
3. Er det sant at du ble født den 23. september 1963?
4. Nittentrettitallet kalles for de harde trettiårene fordi det var så mange arbeidsløse i den perioden.
5. I tiårsalderen er man normalt ennå ikke kommet i puberteten.
6. De har bodd i Nordnorge i tre tiår til våren.
7. Espen var en ener i alt han foretok seg.
8. Synes du det er nok hvis jeg gir en femtilapp i drikkepenger?
9. På slutten av nittitallet trodde mange at pc-ene ikke ville virke etter århundreskiftet.
10. Langt over en fjerdedel av studentene strøk til eksamen i grammatikk.
11. Tusen takk for at du kjøpte denne boka!

33. Oversett til norsk (§ 59):
1. Heute ist der 23. Juni 2003.
2. Ich bin am 28. Dezember 1961 geboren.
3. Die Musik der achtziger Jahre ist immer noch sehr beliebt, während die Siebziger nicht mehr so aktuell sind.
4. Bis zur Neuauflage des Lexikons hat es Jahrzehnte gedauert.
5. Bereits als Fünfjährige hatte sie ihren ersten Fernsehauftritt.
6. Die Sechzigjährigen sind heute viel beweglicher als früher.
7. Mit Zwanzig wissen viele noch immer nicht, was sie wirklich wollen.

34. Oversett til tysk (§§ 53-59):
1. Det lå nøyaktig førtiåtte sjokolader i konfekteska.
2. Jeg tror det er fjortende gangen at vi skal på sommerferie til Norge.
3. Seks ganger seks er trettiseks.
4. Tusener som stod utenfor stadion uten billetter, måtte gå skuffet hjem.
5. Det blir hvert år brukt millioner av kroner på reklame i bilindustrien.
6. Det er kanskje ikke den beste, men helt sikkert den nest beste boka han har skrevet.
7. Per og Mona vil gjerne ha et barn nummer to.
8. Hva er mest: en tredel eller to femdeler?
9. Er det virkelig sant at du bor i attende etasje?
10. De hadde invitert femtifire gjester til bryllupet.
11. Lasse kjøpte en tipakning sigaretter.
12. I brøken en fjortendel har vi en som nevner og fjorten som teller.
13. Tretten er et ulykkestall.
14. Når går første tog til Åndalsnes?
15. Hvis du går forbi banken og tar tredje vei til høyre, kommer du til apoteket.

35. Oversett til norsk (§§ 53-59):

1. Ich sitze in der fünften Reihe.
2. Wir fahren in einer Woche für 10 Tage in den Skiurlaub.
3. Die Übung auf Seite 13 ist sehr einfach.
4. Sie hat den ersten Preis bekommen.
5. Meine Frau ist im achten Monat.
6. Glaubst du an Liebe auf den ersten Blick?
7. Die Sieben ist eine Glückszahl.
8. Mehr als tausend Studenten nahmen an der Demonstration teil.
9. Treffen wir uns in fünf Tagen wieder?
10. Wir sollten mehr tun, um der Dritten Welt zu helfen.
11. Mindestens dreißig Prozent der norwegischen Jugendlichen sitzen zu viel.
12. Ende der sechziger Jahre sind immer weniger junge Männer zum Frisör gegangen.
13. In der Nacht auf Freitag den fünften August geschah etwas Furchtbares in der kleinen Stadt.
14. Sverre ist fast drei Jahre jünger als Guttorm.
15. Ich bin am 24.1. geboren.
16. Könntest du mir einen Hunderterschein leihen?
17. Im Norwegischen wird es allmählich gebräuchlicher, bei zusammengesetzten Zahlen die Zehner vor die Einer zu stellen.
18. Drei Fünftel heißt der Bruch, wenn drei der Zähler und fünf der Nenner ist.
19. Schlag die Seite hundertundacht auf!
20. Die Mannschaft aus Grimstad wurde erste und die aus Lillesand leider nur dritte.
21. Ein Drittel der Hausaufgaben hat sie bereits in der Schule erledigt.
22. Im Wettbewerb lief Erik eine vierhundertstel Sekunde langsamer als Eskil.
23. Bist du froh, dass du jetzt mit Kapitel vier fertig bist?

Kapittel 5   Adverb (§§ 60-65)

36. Adjektiv eller adverb? Sett inn ordene i kursiv i riktig form (§ 60):

1. *lang*:
   a) Har du kjørt ___? b) Hans Petter er blitt veldig ___. c) Ole kastet ballen ___. d) Om sommeren er dagene ___. e) Vi må ikke skrive for ___ setninger.

2. *god*:
   a) Marius kan lese ___ allerede. b) Han var ___ til å imitere stemmer. c) Marius og Hanne går ___ sammen. d) De samarbeidet ___. e) Disse oppgavene er kanskje ikke så veldig ___.

3. *fin*:
   a) Kjolen hennes er veldig ___. b) Illustrasjonene i boka er svært ___. c) De leker ___ med hverandre. d) Været skal bli ___ i morgen. e) Den ser ___ ut.

4. *høy*:
   a) Han lo ___. b) Huset til naboen vår er veldig ___. c) Musikerne spilte meget ___. d) Barna skriker fryktelig ___. e) Klaus er over to meter ___. f) Trærne hadde vokst seg ___.

5. *ny*:
   a) Bilen deres er ___. b) Oppskriften hun prøvde i går, var helt ___. c) Det er helt ___ for meg. d) Skoene er helt ___.

6. *stygg*:
   a) Bjørn tegner ___. b) Han er ___. c) Det var ei ___ ulykke. d) Jeg synes det huset er ___. e) Det finnes ikke ___ mennesker. f) Hvis været blir ___, må vi dra hjem. g) Det var et ___ overfall.

7. *lys*:
   a) Månen skinte ___. b) Håret hennes er ___. c) Sommernettene er lange og ___. d) Alle burde se ___ på livet. e) Alle barna var ___. f) Det må jeg virkelig si er en ___ idé.

37. Sett inn rett adverb (§ 61):

1. *inn – inne*:
   a) Nå må du komme ___ . b) ___ i kjøleskapet lå osten. c) Skal vi gå ___ i stua? d) ___ i rommet stod det et juletre. e) Hun visste verken ___ eller ut.

2. *ut – ute*:
   a) Skal vi gå ___? b) I dag skal vi spise middag ___. c) Barna er ___ og sparker fotball. d) De sitter ___ i hagen og soler seg. e) Fordi været er så fint, får elevene lov til å gå ___.

3. *opp – oppe*:
   a) Han har gjemt seg ___ på loftet. b) Du må gå ___ trappa der borte. c) I sommer vil vi reise ___ til Lofoten. d) Heisen gikk ___ til femte etasje.

4. *ned – nede*:
   a) De er ___ i kjelleren. b) Gå ___ Karl Johans gate! c) Tore ramlet ___ fra muren. d) ___ foran det nye kjøpesenteret satt noen ungdommer. e) Ballen vi ikke kunne finne, lå ___ på gulvet.

5. *hjem – hjemme*:
   a) Du må være ___ klokka ti. b) Vi blir ___ i dag. c) Var du ___ i går kveld? d) Hun lengter ___. e) I morgen kommer jeg ___ til deg.

6. *hit – her*:
   a) Hun har gått ___. b) Vi skal være ___ i Norge i to uker. c) ___ er det godt å være. d) Du kan sette deg ___. e) Derfra og ___ er det omtrent fem kilometer.

7. *dit – der*:
   a) Hvis du går ___, kan du kjøpe noe til meg. b) Toget er ___ om ti minutter. c) Han har glemt paraplyen sin ___. d) Kan vi møtes ___ i kveld? e) Det er bare fem minutter ___. f) Vi var ___ i fjor, men kommer ikke til å reise ___ i år.

8. *fram – framme*:
   a) Har du tatt ___ fotballskoene? b) Når er vi ___? c) Når vi kommer ___, skal vi finne et hotell. d) De sitter der ___ ved flygelet.

38. Sett inn de norske adverbene (§§ 62-64):

1. Vi har ___ (vermutlich) ikke mer pålegg i kjøleskapet.
2. Den genseren er ___ (allzu) stor for meg, og denne er ___ (noch) større.
3. Ta det med ro, det var___ (nur) en spøk.
4. Han hadde sovet ___ (zu) lite og var ___ (ganz) ferdig.
5. Jeg tror ___ (ein wenig) er for lite. Du må ta ___ (viel) mer.
6. Det er ___ (kaum) en god idé å klippe plenen om vinteren.
7. Han var ___ (fast) helt ferdig med å stryke skjortene sine.
8. Nå er det ___ (genug).
9. Det er ___ (ziemlich) vanlig å takke for sist i Norge.
10. Fridjof kom med et ___(sehr) upassende forslag.
11. Det har vært en ___ (ziemlich) kald vinter og en ___ (sehr) kjølig vår.
12. ___ (Wahrscheinlich) må jeg arbeide overtid i kveld.
13. ___ (Vielleicht) du kunne hjelpe meg?
14. ___ (Möglicherweise) kan vi ennå komme tidsnok til fotballkampen.
15. Han må ___ (vermutlich) ha gått hjem allerede.
16. ___ (Trotzdem) bør vi gjøre leksene i dag, ___ (sonst) må vi gjøre dem på søndag.
17. Per var ___ (wenig) entusiastisk, og jeg var ___ (auch nicht) særlig begeistret for planen.
18. Må du spille trommer ___ (gerade) nå som jeg skal sove middag?
19. Det er ___ (besonders) viktig å understreke at ___ (nur) barn over tolv år har lov til å se filmen.
20. ___ (Wann) kommer du hjem?
21. Du må ___ (sofort) gjøre denne oppgaven.
22. ___ (Zuerst) skal vi ta oppvasken, og ___ (dann) må vi rydde i kjelleren.
23. Jeg synes det er blitt svært ___ (gemütlich) hjemme hos dere etter at dere pusset opp.
24. Å bare øve ___ (ein bisschen) hjelper ___ (wenig).

39. Oversett til tysk (§§ 62-64):

1. Han har antageligvis glemt at han skulle være tilbake allerede klokka åtte.
2. Jeg er temmelig, men likevel ikke helt utslått.
3. Det er bedre å kjøpe for mye enn for lite.
4. Hvor langt er det herfra?
5. De skal ha dratt derfra i tretida.
6. Vi kan kanskje like godt vaske opp straks, ellers må vi gjøre det siden.
7. Er du alt tilbake fra skolen?
8. Trolig må vi først vaske huset og så male det.
9. Jeg synes du forteller så morsomt.
10. Vi har heldigvis enda noen kjeks igjen i boksen.
11. Jonas kan allerede spille på fiolin.
12. Det blir trolig regn i morgen, altså må vi bli hjemme.
13. Det skjedde akkurat slik som jeg nettopp fortalte deg.
14. Det dreide seg trolig om en nokså stor kontrakt.
15. Hun smilte hyggelig til ham, men likevel satt han nokså sur i den gamle sofaen fra Ikea.
16. Det er jo slikt man kan finne overalt ellers.
17. Det er visstnok ikke lett å lære finsk.

40. Oversett til norsk (§ 62):

1. Sie war schon immer sehr reif für ihr Alter.
2. Unsere Nachbarin kommt ständig zu spät.
3. Er spricht selten über seine Gefühle.
4. Bald wird es schneien.
5. Neulich habe ich einen alten Freund getroffen, den ich lange nicht mehr gesehen habe.
6. Oft frage ich mich, ob ich mal wieder ein bisschen Zeit für mich bekommen werde.
7. Wenn du das sofort erledigst, kannst du später spielen.
8. Leider weiß ich immer noch nicht, wie der Nachbar heißt.
9. Zuerst wäschst du deine Hände, dann können wir essen.
10. Liv klagt ständig über Müdigkeit und Kopfschmerzen.

41. Oversett til norsk (§ 63,64):

1. Er fuhr schnell, aber sehr sicher.
2. In dieser Nacht schlief Mette allzu lange.
3. Das neue Kleid steht ihr sehr gut.
4. Das Essen war ausgezeichnet.
5. Freundlich erklärte der Polizist der alten Frau den Weg zur Kirche.
6. Wir werden in den nächsten Wochen noch viel zu tun haben.
7. Das neue Haus wird ziemlich teuer werden.
8. Du wirst bestimmt besser Klavier spielen, wenn du ein bisschen mehr üben würdest.
9. Morgen werde ich wahrscheinlich ein wenig Zeit für dich haben.
10. Sicherlich hast du schon gehört, dass wir möglicherweise umziehen werden.
11. Wir werden kaum Gelegenheit bekommen, uns lange zu unterhalten.
12. Wir haben noch nicht genug Geld, um uns ein Ferienhaus in Griechenland zu kaufen.
13. Ich mag keine Pizza und auch keine Spaghetti, aber Lasagne schmeckt mir gut.
14. Man soll niemals nie sagen.
15. Wir haben nur wenig Wein im Hause und leider auch kaum Bier.
16. Espen spricht nicht nur fließend Spanisch, er kann auch sehr gut Russisch.
17. Obwohl es nachts schon recht kalt ist, schlafe ich ohne Schlafanzug.
18. Aber das ist genau das, was deine Eltern die ganze Zeit gesagt haben.
19. Vielleicht ist diese Übersetzungsübung nicht besonders schwierig.
20. Dieser Auftrag muss möglichst schnell erledigt werden, sonst werden wir ihn verlieren.

42. Sett inn adverbene i parentesen i riktig form (§ 65):
1. Kari spiser ___ (mye) brød enn Lise, men Petter spiser ___ (mye).
2. Erling drikker ___ (lite) vin, men Øystein drikker enda ___ (lite).
3. Kan dere forsøke å løpe litt ___ (fort) enn nå?
4. Det var ingen tvil om hvem som smilte ___ (pen) av dem.
5. Jeg synes moteklærne bare blir ___ (stygg) og ___ (stygg).
6. Lise kom ___ (ofte) på besøk, Maria kom enda ___ (ofte), men aller ___(ofte) kom Tonje.
7. Det blir stadig ___ (sjelden).
8. Hvem synes du maler ___ (interessant) av Munch og Nolde?
9. Henrik gikk ___ (langt) av dem.
10. Vi må nok holde på ___ (lenge) ennå.
11. Eirik spiller ___ (godt) fotball, Karina spiller enda ___ (godt), men ___ (godt) av alle spiller Nils.
12. Har du ___ (vondt) i kneet? Ja, det er blitt ___ (vondt).
13. Det er det ___ (ille) jeg har hørt.
14. Bestefar hører ___ (lite) og ___ (lite).
15. Når noen fortalte en vits, var det alltid den humørløse Hans som lo ___ (lite).
16. Hva vil du aller ___ (gjerne)?
17. Hva synes du det er det ___ (mye) irriterende ved ham?
18. Av de to er det uten tvil Bengt som skriver ___ (stygg).
19. Kanskje du ___ (gjerne) skulle gjøre en annen oppgave?

Kapittel 6   Pronomen (§§ 66-103)

43. Bytt pronomen (§ 66):
Eksempel: *Jeg* ser på *deg*. → *Du* ser på *meg*.

1. Vi ser på dem.
2. Hun liker ham.
3. De hilste på meg på festen.
4. Du skal møte dem om noen timer.
5. Hvorfor ser dere så strengt på henne?
6. Han skal treffe henne i dag.
7. Jeg hater henne.
8. Dere må skynde dere.
9. Kan du hjelpe meg?
10. Vi skal møte dere på Oslo Sentralstasjon.
11. Hun spurte oss om veien til nærmeste apotek.
12. Han forklarte dem det nye utkastet.
13. Jeg kjøpte ei ny bok til dem.
14. Du må tenke på oss.
15. Kan hun passe på dem?
16. Dere må besøke oss.
17. De misliker henne.
18. Jeg må unnskylde meg overfor dem.
19. Han skuffet henne.
20. Du må komme til oss.
21. Dere skulle ha sett dem den gangen.
22. Henne har jeg alltid beundret.
23. Dere må nok gi oss litt mer tid.
24. Hun kjøpte en togbillett til ham.
25. Vi bodde hos dem.
26. Jeg håper vi ikke glemme henne.
27. De skulle gi oss en lærepenge.
28. Du burde høre på henne.
29. Han skjente på dem.

44. Sett inn personlig pronomen (§ 66):

Eksempel: *Per og Kari* snakket med *Lisa.* → *De* snakket med *henne.*

1. Jens og Eva gratulerer Martin.
2. Klaus sover hos Karl og Knut.
3. Mette hjelper Karen.
4. Elevene gav læreren et rødt eple.
5. Jan leter etter Aleksander.
6. Generalen fortalte soldatene en dårlig vits.
7. Gerd og Inge skal gå på teatret sammen med Kari og Ole.
8. Barna leker med foreldrene.
9. Helga og Marit besøker Birte.
10. Bakeren gav kundene gratis rundstykker den dagen.

45. Sett inn riktig form av de personlige pronomene (§ 67):

1. I går morges så jeg en merkelig fugl. ___ satt utenfor kjøkkenvinduet mitt.
2. I vinduskarmen satt en svart katt. ___ sov.
3. Jeg må hente dattera mi. ___ er på fotballkamp.
4. Til sommeren skal vi leie ei hytte i Kragerø. ___ er veldig stor og fin.
5. Ser du det gamle treet der? ___ er nesten 200 år gammelt.
6. I går hadde jeg tenkt å besøke faren min. Men ___ var dessverre ikke hjemme.
7. Vi har fått et nytt skrivebord. ___ var fryktelig dyrt.
8. Sist helg feiret broren min fødselsdagen sin. ___ fylte femti år.
9. Jeg leser den nye boka til Karin Fossum. ___ er veldig spennende.
10. Liker du den nye filmen med Hugh Grant? ___ har fått god kritikk.
11. Det er akkurat skrevet ut nyvalg. ___ skal holdes en eller annen gang til høsten.
12. Du må gjøre denne oppgaven. ___ er svært lett.

46. Oversett til norsk (§§ 66-69):
1. Gibst du mir das Messer?
2. Ich habe mich leider am rechten Knie verletzt.
3. Wir werden uns morgen nicht treffen können.
4. Habt ihr uns gestern nicht gesehen?
5. Sie wollen sich ein neues Auto kaufen.
6. Kannst du dir vorstellen, im nächsten Sommer mit mir die Ferien zu verbringen?
7. Sie hat kein Vertrauen mehr zu ihm.
8. Ihr müsst euch nicht wundern, dass sie keinen Kontakt mehr zu euch haben wollen.
9. Wir haben noch immer kein passendes Geschenk für ihn gefunden.
10. Susanne besitzt eine schwarze Katze. Sie ist ziemlich wild.
11. Gestern traf ich einen alten Freund. Er hat mich kaum erkannt.
12. Dort drüben ist ein Parkplatz. Er ist gebührenfrei.
13. Siehst du das Haus dort? Es hat einen wunderschönen Garten.
14. Ich bin älter als du.
15. Ich war es, die du gestern gesehen hast.

47. Oversett til tysk (§ 70):
1. Du burde tenke på det.
2. Han hentet en stol og satte seg på den.
3. Det burde du ha tenkt på før.
4. Mange legger vekt på det å være velkledd.
5. Han tok kniven og skar et stykke brød med den.
6. Gulvet er nybonet så dere må ikke gå på det.
7. Husk på det!
8. Brillene til Anne ramlet på gulvet, og så tråkket hun på dem.
9. Per Olav tok brettet og la brødet på det.
10. Jeg går ut fra det.
11. Det kan du stole på.

48. Sett inn refleksive pronomen (§ 71):
1. Vi koser ___ .
2. Han speiler ___ .
3. Jeg grer ___ .
4. Du vasker ___ .
5. Hun skynder ___ .
6. Dere barberer ___ .
7. De morer ___ .
8. De gleder ___ .
9. Hun sminker ___ .
10. Kjeder du ___ ?
11. Han liker ___ selv.
12. De liker ___ i Jotunheimen.

49. Oversett til norsk (§ 71,72):
1. Roar sollte sich häufiger waschen.
2. Sie waren lieb zueinander.
3. Setzen Sie sich auf den Stuhl!
4. Ihr müsst euch selbst helfen.
5. Hans und Grete grüßten sich höflich.
6. Sie liebten sich.
7. Birger möchte abnehmen.
8. Wir hassen uns.
9. In der Pubertät fangen die meisten Jungen an, sich zu rasieren.
10. Sie trafen sich jeden Mittwoch.
11. Sie gähnte und streckte sich.
12. Wir küssten uns.
13. Sie ärgerten sich fürchterlich über den bissigen Hund ihrer Nachbarn.
14. Sie liehen sich gegenseitig ihre Bücher.
15. Er dachte nur an sich selbst.
16. Sie rauften sich die Haare aus.
17. Wir ähneln uns, mein Vater und ich.
18. Vertraut ihr euch?

50. Bruk eiendomspronomen og skriv om setningene (§§ 74,75):
Eksempel: *Jeg* har en *båt*. → Det er *båten min*.

1. Petra og jeg eier ei hytte.
2. Jeg har kjøpt et hus.
3. Her har du to bøker.
4. Der har dere et problem.
5. Jeg har et par solbriller.
6. Vi spiser vafler.
7. Du skal få et eple.
8. Jeg har ei datter.
9. Du har en sønn.
10. De har to barn.
11. Trygve og Anne Kathrine har en bil.
12. Vi har leid en seilbåt i sommerferien.
13. Hun har arvet mange penger.
14. Dere har vunnet en teddybjørn.
15. Jeg har laget denne oppgaven.

51. Skriv om setningene (§§ 74,75):
Eksempel: *Vi* har nye *ski*. → *Skiene våre* er nye.

1. Du har en ganske gammel sykkel.
2. De hadde en temmelig høy inntekt.
3. Dere har skitne skjorter.
4. Du kommer med et håpløst forslag.
5. Andrea og Øyvind har en blå sofa.
6. Marita og jeg deler en stor leilighet.
7. Dere fortalte en morsom vits.
8. Vi kjøpte gule roser.
9. Jeg har et uløselig problem.
10. Har du kjøpt et nytt ukeblad?
11. Dere har et flott kontor.
12. Han har store føtter.

52. Sett inn *sin*, *si*, *sitt* eller *sine* (§§ 76,77):
1. Arvid leser i boka ___.
2. Greta tar på seg genseren ___.
3. De spiser appelsinene ___.
4. Han tok skiene ____ med seg.
5. Erik endret forslaget ___.
6. Simon ligger i senga ___.
7. De reiser med barna ___ til utlandet.
8. Eli vil besøke venninna ___.
9. Torstein fikk besøk av tanta ___ og onkelen ___.
10. De kan ikke finne lommebøkene ___.
11. Han skiftet vann i akvariet ___.
12. Hildegunn er uvenn med foreldrene ___.
13. Janne og Runar er stolt av barnet ___.
14. Malin må skrive stilen ___.
15. Kongen hilste folket ___.
16. Hun klarte ikke å komme over depresjonen ___.
17. De sørget over tapet ___.
18. Johanna skulle alltid ha viljen ___.

53. Sett inn *hans*, *hennes* eller *deres* (§§ 76,78):
1. Monika var på besøk i går. Mannen ___ var dessverre blitt syk.
2. Niklas spiller fotball. Fotballdrakten ___ er fra FC Bayern München.
3. Petter har hatt et trafikkuhell. Den ene foten ___ er forstuet, begge hendene ___ verker og som om det ikke var nok, er den høyre handa ___ brukket.
4. Sofia har kjøpt nye møbler. Møblene ___ er i alle farger. Senga ___ er rød, bordet ___ er hvitt, kommoden ___ er lilla og stolene ___ er hvite.
5. Lærerne våre er flinke. Eksemplene ___ er gode, motivasjonen ___ er på topp og engasjementet ___ er det heller ikke noe å si på.

54. Sett inn riktig form av eiendomspronomen i tredje person singular (§§ 76-78):

1. Inge og Hans er glade i barna ___. Det er ikke rart, for barna ___ er veldig greie. Ole er eldst. Han liker å leke med vennene ___. Håret ___ er helt rødt, så han blir ofte ertet for hårfargen ___. Det nesteldste barnet ___ heter Anne. Hun sitter ofte inne på rommet ___. Inge og Hans synes rommet ___ kunne vært mer ryddig. Petter er den yngste. Han sover ennå i barnevogna ___. Han har fått den av mormora ___ og morfaren ___. De er veldig stolte av det yngste barnebarnet ___. Alle barnebarna ___ liker å besøke besteforeldrene ___. Huset ___ har et digert loft der de har lagret alle de gamle tingene ___. Barnebarna ___ elsker å gå på oppdagelsesferd blant de gamle tingene ___. En stor hage som er fin å leke i med alle trærne ___, har også huset ___.

2. Magnus Andreas liker den nye sykkelen ___. Den hadde stått på ønskelista ___ lenge. Foreldrene ___ hadde tenkt å gi ham den som belønning for den gode karakterboka ___. Og Magnus Andreas er svært fornøyd med både karakterboka ___ og sykkelen ___. Den beste vennen ___ er litt misunnelig på ham, men Magnus Andreas sier at han kan få låne sykkelen ___, for han har lært at man må stelle pent med vennene ___.

55. Oversett til norsk (§§ 76-80):

1. Karsten hat seine Telefonnummer vergessen.
2. Seine Telefonnummer ist ganz einfach.
3. Er mochte sein neues Buch.
4. Sein neues Buch war fürchterlich spannend.
5. Das war dein Vorschlag, nicht meiner.
6. Maren lachte über ihren Witz, und ihr Witz war auch wirklich lustig.
7. Die Kinder spielten mit ihren Eltern.
8. Ihr Haus war früher weiß, aber jetzt haben Jens und Annemor ihr Haus blau angestrichen.
9. Meiner Meinung nach solltest du das lassen.
10. Die Professoren langweilten ihre Studenten.

11. Ihre Studenten forderten bessere Vorlesungen.
12. Sie konnte ihre Sonnenbrille nicht finden.
13. Nils hat seine Waffeln mit gutem Appetitt gegessen.
14. Er nahm sein Messer und schnitt ein Stück von seinem Brot ab.
15. Unsere Großeltern mögen es, in ihren eigenen Büchern zu lesen, obwohl ihre Bücher ziemlich alt sind.
16. Er vermisst seine Freunde.
17. Seine Freunde sind nun im Urlaub.
18. Es war deine Idee, Norwegisch zu lernen.

56. Sett inn riktig form av de demonstrative pronomene *den* eller *denne* (§ 81):

1. ___ boka her kan jeg anbefale, men ikke ___ boka der.
2. ___ slipset som henger der borte, er for spraglete, men ___ slipset her liker jeg.
3. ___ druene vi høstet i fjor, var sure, men ___ her er søte og gode.
4. ___ salaten du laget i går, var førsteklasses, men ___ salaten er en klar skuffelse.

57. Sett inn riktig form av *slik* (§ 82):

1. ___ oppgaver som dette er temmelig kjedelige.
2. Det var bare han som kunne finne på et ___ påfunn.
3. Ei ___ søster er god å ha.
4. Hvordan kunne du kjøpe en ___ bil?

58. Oversett til norsk (§§ 85-92):

1. Anne und Tom haben eine neue Wohnung, die größer ist als die alte.
2. Die Color Line bekommt bald ein neues Schiff, das zwischen Kiel und Oslo fahren wird.
3. Die Schuhe, die ich gestern im Laden gesehen habe, sind leider schon verkauft.

4. Die Sträucher, die wir im vergangenen Jahr gepflanzt haben, sind alle eingegangen.
5. Das Fenster, das ich gestern geputzt habe, ist heute schon wieder dreckig.
6. Der Nachbar, über den wir uns ständig geärgert haben, ist glücklicherweise ausgezogen.
7. Wir, die wir gerne Kuchen essen, müssen auf die Figur aufpassen.
8. Ich kann dir gerne einen Tipp geben, welches das beste ist.
9. Ich weiß nicht, wer kommt.
10. Ich frage mich, was mit dir los ist.
11. Wer nicht hören will, muss fühlen.
12. Wer zuletzt lacht, lacht am besten.
13. Diejenigen, die ihre Hausaufgaben nicht gemacht haben, müssen eine Zusatzaufgabe machen.
14. Diejenigen, die mitmachen möchten, müssen sich melden.
15. Das Haus, dessen Dach rot war, musste neue Dachziegel bekommen.

59. Sett inn riktig form av spørrepronomene (§§ 93-96):
1. ____ oppgave liker du best?
2. ____ er klokka?
3. ____ liker du best, kjøtt eller fisk?
4. ____ var det du snakket med?
5. ____ heter du?
6. ____ bor du sammen med?
7. ____ ukeblad vil du ha?
8. ____ epler skal det være?
9. ____ solgte du bilen til?
10. ____ er i veien med dere?
11. ____ kommer fra India?
12. ____ er det som feiler deg?
13. ____ hus kommer du til å kjøpe?
14. ____ problemer skal vi forsøke å løse først?
15. ____ kommer det av?

60. Oversett til norsk (§§ 93-96):
1. Wer weiß, wie diese Aufgabe gelöst werden soll?
2. Was wollt ihr morgen machen?
3. Wie lange bleibst du auf der Party?
4. Welche Möbel sollen wir zum Flohmarkt geben?
5. Für welches Kleid soll ich mich entscheiden?
6. Wen findest du am nettesten?
7. Wie heißt du?
8. Wie kommt das?
9. Wie nennt man das?
10. Welches Eis magst du am liebsten?
11. Was für ein Buch hast du dir ausgeliehen?
12. Was hast du vor?
13. Mit wem gehst du ins Theater?
14. In welches Kino wollt ihr?
15. Was ist das für eine Firma, in der du arbeitest?
16. Welches Fach magst du am liebsten in der Schule?
17. Welchen Eindruck hast du von ihr bekommen?
18. Der Tisch, welcher neu ist, hat viel Geld gekostet.
19. Welche Aufgabe findest du am lustigsten?

61. Sett inn riktig form av *all* (§ 97):
1. Han drakk ___ kaffen.
2. ___ er bra.
3. ___ hyttene er opptatt.
4. Jeg vet ___.
5. ___ gode ting er tre.
6. ___ barn må gå på skolen.
7. ___ elevene hadde bare to skoletimer i går.
8. Det kan bli vanskelig å forklare ___.
9. ___ sammen var fornøyd med resultatet.
10. ___ mennesker er forskjellige.
11. Ikke ___ mat er god.
12. ___ arbeidet er ferdig.
13. ___ var enige om at det hadde vært en fin dag.

62. Sett inn riktig form av *hver* (§ 101):
1. ___ sommer reiser de til England.
2. Jeg spiller gitar ___ dag.
3. De gikk ___ sin vei.
4. ___ gang vi har gjester, drikker vi minst ei flaske rødvin.
5. ___ land har egne tradisjoner.
6. ___ barn må oppdras på sin måte.
7. ___ år må jeg kjøpe nye sko.
8. Jeg tar imot ___ forslag med takk.
9. Vi gleder oss til ___ eneste jul.
10. Studentene fikk en oppgave ___.

63. Sett inn riktig form av *noen* (§ 102):
1. Har du ___ flere spørsmål?
2. Har du hørt ___ om henne?
3. Jeg må straks kjøpe ___ mat.
4. Har du ___ epler?
5. Er det ___ melk igjen?
6. ___ liker norsk jazz.
7. Er det ___ bank her i nærheten?
8. Det er ___ helt nytt.
9. Der kommer ___.
10. Jeg kan ikke se ___ postkontor?
11. For ___ måneder siden begynte jeg å lære japansk.
12. Har ___ skjedd?
13. ___ liker pizza, andre liker bedre pasta.
14. Har dere ___ å spørre om?

64. Oversett til norsk (§§ 102,103):
1. Gibt es irgendeine Apotheke in dem Ort?
2. Kennst du einige norwegische Sprichwörter?
3. Vor einigen Wochen bin ich zum ersten Mal in die USA geflogen.
4. Da kommt jemand.
5. Ist etwas passiert?

6. Sie hatten nichts zu tun.
7. Ich habe keine Lust dazu.
8. Ich habe keine Ahnung.
9. Ich kenne niemanden hier.
10. Ich verstehe nichts.
11. Niemand mag mich.
12. Nichts ist unmöglich.
13. Er hat keine Freude mehr am Leben.
14. Sie erzählte, dass sie nichts verstanden hätte.
15. Gibt es keine neuen, guten Filme?

65. Oversett til norsk (§§ 97-103):
1. Alle Schüler waren mit auf der Klassenfahrt.
2. Alles ist in Ordnung.
3. Sie hat allen Grund, wütend auf ihn zu sein.
4. Jedes zweite Wochenende verbringt Torstein bei seinem Vater.
5. Jedes Jahr fährt er im Winter zum Skilaufen in die Schweiz.
6. Beide Kinder gehen auf die Rudolf-Steiner-Schule in Göteborg.
7. In beiden Museen hingen Bilder von Edvard Munch.
8. Man weiß nie, ob die Wettervorhersage wirklich stimmt.
9. Ist jemand da?
10. Gibt es einen Supermarkt in der Nähe?
11. Hast du schon einige neue Freunde gefunden?
12. Besteht noch etwas Hoffnung?
13. Ich muß dir etwas erzählen.
14. Ich weiß etwas.
15. Ich habe keine Zeit.
16. Sie sprechen leider kein Schwedisch.
17. Ich habe nichts finden können.
18. Er sagte, dass er niemanden sehen wolle.

Kapittel 7 Verb (§§ 104-175)

66. Sett inn riktig form av verbene i parentesen (§ 113):

1. Hun ___ (være) her nå.
2. Kristian skal ha ___ (ha) en vanskelig barndom.
3. Da de gikk, ___ (bli) Hans sittende igjen.
4. Den dagen ___(skal) de egentlig ha vasket huset.
5. Hvis jeg bare hadde ___ (kunne) finne et bedre eksempel!
6. Jeg forsøkte å overtale henne i går, men hun ___ (ville) ikke.
7. Jeg vet at jeg ___ (måtte) gjøre det nå.
8. Jeg ___ (skal) reise til Bodø i morgen.
9. ___ (ville) du gjøre meg en tjeneste?
10. Da jeg ___ (skulle) dra til skolen i går morges, ___ (kunne) jeg ikke finne ranselen. Jeg ___ (ville) ikke dra uten, så jeg ___ (måtte) lete etter den. Kanskje jeg ___ (burde) begynne å pakke sakene mine om kvelden?

67. Sett inn riktig form av verbene i parentesen (§§ 114-119):

1. Vi ___(snakke) med henne i går.
2. Da de ___(nå) målet, ___ (smile) de bredt.
3. Hver morgen ___ (hente) Ole posten.
4. Jeg ___ (tro) den gang at jeg hadde ___ (velge) riktig.
5. Han ___ (hoppe) mye høyere i forrige uke enn i dag.
6. Hvis jeg bare ___ (vite) hva du tenkte på!
7. Har du ___ (huske) å sette melka inn i kjøleskapet?
8. Lise ___ (fortelle) meg det her om dagen.
9. Mange ___ (laste) ned musikk fra internett i dag.
10. Da Unn ___ (vise) meg den nye kjolen sin, kunne jeg ikke si at jeg ikke ___ (like) den.
11. Vi har ___ (greie) mange oppgaver nå.
12. En norsklærer ___ (rette) årlig hundrevis av stiler.
13. I steinalderen ___ (leve) menneskene av jakt og fiske.
14. Det året ___ (leie) familien vår ei hytte ved sjøen.

15. "Hva var det du ___ (gjøre)?", ___ (spørre) han.
16. Vår generasjon har aldri ___ (sulte).
17. Unni er svært renslig og ___ (bade) hver dag.
18. De likte henne så dårlig at de nesten ___ (hate) henne.
19. Jeg har ___ (sende) foreldrene mine et prospektkort.
20. Hver gang han ble ___ (snakke) til, ___ (skylde) han på andre.
21. I den situasjonen fikk vi virkelig se hva han ___ (duge) til.
22. Jeg ___ (legge) lommeboka på bordet, men nå er den borte.

68. Sett inn riktig form av verbene i parentesen (§§ 120-129):
1. Har du ___ (skrive) brevet til mormor?
2. Da jeg ___ (stryke) skjortene i går, glemte jeg å slå av strykejernet.
3. Etter kollisjonen ___ (synke) båten før noen ___ (rekke) å reagere.
4. Tyvene hadde ___ (stjele) alle sigarettene i butikken.
5. Nils ___ (slå) seg temmelig mye, da han falt.
6. Så langt har jeg aldri ___ (gå) før.
7. Som tenåring ___ (sove) Lene alltid som en stein.
8. De har ___ (rive) det gamle uthuset på gården.
9. For noen år siden ___ (ride) jeg så ofte jeg kunne.
10. Nøklene må ha ___ (gli) ut av veska.
11. Etter å ha ___ (drikke) to flasker vin, ___ (krype) de rundt på gulvet og ___ (synge) av full hals.
12. På onsdag ___ (vinne) Rosenborg 2–0 over Brann.
13. Da mannen ___ (komme) til syne i vinduet, ___ (kvekke) alle som var i rommet.
14. Siden de ikke ___ (rekke) gårsdagens fest i tide, ___ (la) de være å gå.
15. Hadde han ikke vært så doven, kunne han ha ___ (drive) det langt.
16. De følte seg ___ (binde) på hender og føtter.
17. Da det siste håpet ___ (briste), ___ (gråte) han som et lite barn.

18. Alle som hadde ___ (se) det, ___ (skjelve) over hele kroppen.
19. Siden de hadde ___ (snike) seg inn på toget, ___ (løpe) de
    som gale da konduktøren kom.
20. Hvis du hadde ___ (stå) i ro, hadde det ___ (gå) bedre.
21. Han ___ (skryte) av at han hadde ___ (skyte) tretten ryper.
22. Da stormen var over, ___ (flyte) mye vrakgods inn i bukta.
23. Han ___ (gripe) sjansen da han ___ (få) den, og ___ (nyte) å
    være sammen med henne hele kvelden.
24. Det ___ (klinge) vakkert da de ___ (sitte) og spilte tohendig.
25. Han hadde ___ (sitte) for lenge i en stilling.
26. Da de ___ (komme) hjem, ___ (ligge) hunden allerede foran
    inngangsdøra og ___ (sove).
27. Han hadde ___ (skjære) seg i tommelen.
28. Trebåten var ___ (sprekke) og ___ (lekke) som en sil.
29. Da de ___ (få) nyheten, ___ (le) de høyt.
30. Vi har ___ (bære) mange tunge bører sammen.

69. Oversett til norsk (§§ 104-129):
1. Sie ist in der letzten Woche hier gewesen.
2. Das Boot, das der Dieb gestohlen hatte, war leck und sank
   nach kurzer Zeit.
3. Als sie die Nachricht bekamen, schwand ihre letzte
   Hoffnung, und alle begannen zu weinen.
4. Er gab damit an, dass er den ganzen Abend mit ihr
   verbracht hatte.
5. Wieviel Wein hast du heute Abend getrunken?
6. Als sie den alten Schuppen im Hof abgerissen haben,
   konnten wir tatsächlich sehen, wozu Olemann taugte.
7. Weil sie eine Hütte am Meer gemietet hatten, haben sie
   viel geangelt.
8. Kristian soll vergessen haben, das Bügeleisen
   auszustellen.
9. Am Mittwoch bin ich weiter gelaufen, als ich jemals zuvor
   gegangen bin.

10. Als Britts Gesicht im Fenster erschien, lächelte Henrik glücklich.
11. Ich habe heute Nacht elf Stunden geschlafen.
12. Weil sie den Zug nicht erreichten, gingen sie wieder nach Hause.
13. Lise erzählte mir, dass sie Musik aus dem Internet herunter geladen hat.

70. Sett inn riktig form av *få* (§§ 130,131):
1. Har du ____ (få) tilbake nøklene?
2. I fjor ____ (få) vi endelig råd til å kjøpe nye hagemøbler.
3. Har dere ____ (få) penger tilbake på skatten?
4. Nå skal du ____ (få) høre hva som hendte meg i går.
5. Politiet hadde ikke kunnet ____ (få) noe på den mistenkte.
6. Jeg ____ (få) forsøke en gang til.
7. Etter at de hadde badet, ____ (få) de på seg klærne i en fei.
8. Da hun var sytten , ____ (få) hun reise til Italia sammen med venninnene sine.
9. Hadde hun ____ (få) hjelpe ham, hadde mye sett annerledes ut.
10. I fjor ____ (få) de for første gang se en elg i levende live.

71. Oversett til tysk* (§§ 130,131):
1. Nå har jeg virkelig fått bruk for gaven jeg fikk av deg til gebursdagen min i år.
2. Får jeg sitte ved siden av deg?
3. Jeg lurer på hvor Arnfinn er, for jeg klarer ikke å få fatt i ham.
4. De nygifte fikk av seg klærne og hoppet opp i senga.
5. Vi må få slutt på all mobbing.
6. Mathias fikk endelig til å bygge Lego-borgen helt riktig sammen.
7. Han har endelig fått reparert hagegjerdet.
8. Det var umulig å få bort flekkene på den nye duken.
9. Heldigvis fikk han istand sykkelen før turen.

10. De får holde seg til det vi har sagt.
11. Du får gjerne komme igjen.
12. De fikk først høre om dødsfallet da de slo på radioen.
13. Har du fått undersøkt når flyet går i morgen?
14. De klarte ikke å få barna av gårde i tide til festen.
15. Du har sikkert fått til å løse disse oppgavene.

72. Sett inn riktig form av verbene i perfektum eller preteritum (§§ 134,135):
  1. Erik ___ (være) i Berlin for første gang i sommer, mens Anne ___ (være) der mange ganger allerede.
  2. Vi ___ (bo) i det nye huset i fjorten dager nå.
  3. Petter ___ (arbeide) i firmaet siden i fjor, mens Pernille ___ (slutte) for to uker siden.
  4. Jeg ___ (like) å gå på skøyter, da jeg ___ (være) ung.
  5. Disse druene ___ (være) virkelig søte!
  6. Fredrik ___ (få) sin første fisk i går, mens Kari ___ (fiske) mange allerede.
  7. Jeg lurer på om du noen gang ___ (spise) stikkelsbæris.
  8. Han påstår at han til nå ikke ___ (ha) et eneste hull i tennene.
  9. Når du ___ (gjøre) denne oppgaven, kan du ta en pause.

73. Oversett til norsk (§§ 134,135):
  1. Wir sind gestern zum Frognerseter gegangen.
  2. Als wir in Larvik gewohnt haben, haben wir oft unsere Freunde in Stavern besucht.
  3. Wir haben alle Folgen der neuen Fernsehserie gesehen.
  4. Dies ist wirklich ein ausgezeichneter Rotwein!
  5. Ich habe in der vergangenen Woche schlecht geschlafen.
  6. Gestern haben wir den ganzen Tag im Wald Holz gehackt.
  7. Erling hat viele Bilder gemalt.
  8. Warst du schon einmal auf Kjerringøy?
  9. Bis jetzt war er immer pünktlich.
  10. Sobald du diese Aufgabe gemacht hast, kannst du aufhören.

74. Oversett til norsk (§ 136):

1. Als der Norwegischkurs begann, hatten viele die ersten Lektionen im Voraus gelesen.
2. Als sie nach Hause kam, hatten die anderen gegessen.
3. Damals war sie schon seit drei Jahren geschieden.
4. Im Jahre 2001 ging Lena bereits 5 Jahre lang zur Schule.
5. Ich hatte niemals an einer schwierigeren Aufgabe als dieser gearbeitet.
6. Sie hatte sich gut auf die Aufnahmeprüfung vorbereitet.
7. Er fragte, wie viel Bier sie getrunken hatten.
8. Kurz bevor das Telefon klingelte, hatte er überlegt, sie anzurufen.
9. Kurz nachdem sie den Tisch im Garten gedeckt hatten, begann es zu regnen.
10. Sobald Niklas Klarinette geübt hatte, bekam er die Erlaubnis, Fußball zu spielen.
11. Mein Großvater schläft immer wie ein Stein.
12. Als Magne am Bahnhof ankam, war der Zug bereits abgefahren.
13. Wäre es möglich, ein bisschen leiser zu sein?
14. Wenn wir mehr geübt hätten, wäre es für uns leichter gewesen, ins Norwegische zu übersetzen.

75. Sett inn fremtidsformer med *skal*, *vil* eller *kommer til å*.
    Bruk *skal* der det er mulig (§§ 137-140):

Til sommeren ___ vi ___ (reise) på ferie til Norge, fordi foreldrene våre så gjerne ___ (dra) dit. Mormor ___ (ikke, være) med. Hun sier at hun ___ (savne) oss. Så jeg har lovet at jeg ___ (sende) henne et prospektkort, og har sagt at vi ikke ___ (glemme) henne. Vi lurer på hvordan været ___ (bli), for det regner ofte i Norge. Når vi kommer dit, ___ (vi, først, pakke ut) koffertene våre. Det ___ (ikke ta) lang tid, for vi ___ (så fort som mulig bli) kjent med stedet. Allerhelst ___ (vi, besøke) fritidsparken i nærheten av Kristiansand, men det ___ (kanskje ta) for lang tid å reise dit.

76. Oversett til norsk (§§ 143-147):
1. Du solltest mit dem Zug fahren.
2. Wir sollten lieber in die Stadt gehen.
3. Das müsste eigentlich reichen.
4. Morgen kann es selbstverständlich anfangen zu schneien.
5. Aleksander kann schon ohne Hilfe laufen.
6. Darf ich dein Wörterbuch ausleihen?
7. Das mag wahr sein.
8. Wir müssen heute die Rechnungen bezahlen.
9. Du darfst gerne bei uns übernachten.
10. Wir werden im Mai nach Tønsberg umziehen.
11. Ihr sollt nicht lügen.
12. Was darf es sein?
13. Wollen wir bei dem Griechen essen?
14. Er soll sehr ehrgeizig sein.
15. Das werde ich dir nie verzeihen.
16. Sie sollten aufhören, bevor ein Unglück passiert.
17. Frank möchte am liebsten zu Hause bleiben.
18. Es wird morgen bestimmt besser gehen.

77. Oversett til norsk (§§ 148,149):
1. Mach die Tür zu!
2. Macht die Tür zu!
3. Machen Sie die Tür zu!
4. Setz dich hin!
5. Iss ordentlich!
6. Zieht eure Jacken aus!
7. Esst das Essen auf!
8. Räum dein Zimmer auf!
9. Schlafen Sie gut!
10. Halt die Klappe!
11. Sitz still!
12. Setz dir die Mütze auf!
13. Tu was ich sage!
14. Wasch die Hände und putz die Zähne!

78. Oversett til norsk (§§ 150,151):
1. Wäre es möglich, eine Tasse Tee zu bekommen?
2. Torleif sagte, dass er nicht kommen könne.
3. Wenn ich Geld hätte, würde ich ein anderes Buch kaufen.
4. Könntest du mir einen Gefallen tun?
5. Wenn wir Zeit hätten, würden wir in einen Freizeitpark fahren.
6. Sie sagte, dass sie bald ihre neue Wohnung renovieren werde.
7. Lise hat mir irgendwann vor kurzem erzählt, dass sie Musik aus dem Internet heruntergeladen habe.
8. Wenn er gestern daran gedacht hätte, wäre nicht alles schief gelaufen.
9. Wenn du nachts mehr geschlafen hättest, wärst du tagsüber ausgeglichener.
10. Könntest du mir einen guten Rat geben?
11. Er fragte, ob es möglich wäre, eine Tasse Kaffee zu bekommen.

79. Skriv om til indirekte tale (§ 151,3):
Eksempel: Jeg er trøtt, sa Bjørn. → Bjørn sa at han var trøtt.

1. Vi tapte kampen, sa guttene.
2. Jeg hadde akkurat vært i byen, sa Jorunn.
3. Jeg har ingen brev til deg, sa postmannen.
4. Jeg har vært på besøk hos noen venner, sa Johann.
5. Vi skal snart dra på ferie, ropte barna.
6. Jeg misforstår dessverre, mumlet hun.
7. Jeg har aldri hatt en vanskeligere pasient, stønnet legen.
8. Dere skal snart få utdelt karakterbøkene, sa læreren.
9. Jeg må varme opp maten, sa han.
10. Kan du hjelpe meg, spurte den gamle kona.
11. Har du lest den siste boka til Roy Jacobsen, spurte bokhandleren.
12. Jeg er ikke i form i dag, sa målmannen.

80. Oversett til norsk (§§ 152-156):

1. Von einer Sprache in die andere zu übersetzen, kann schwierig sein.
2. Ständig zu viel zu essen, ist ungesund.
3. Hast du versucht, alle Arbeitsaufgaben zu machen?
4. Am Ende schafften sie es, einen freien Parkplatz zu finden.
5. Sie bat sie, den Tisch abzuräumen.
6. Am Samstag planten sie, den Rasen zu mähen, die Blumen zu gießen und außerdem in der Garage aufzuräumen.
7. Sie hatte schon Schwimmen gelernt.
8. Hilfst du mir spülen?
9. Bitte jetzt nach Hause kommen!
10. Bitte zuhören!
11. Andreas ging sich umziehen.
12. Wir gehen oft spazieren.
13. Ich werde nicht aufgeben.

81. Sett inn riktig former av verbene i parentesen (§§ 157-161):

1. Noen ungdommer syklet ____ (le) forbi.
2. De ____ (fryse) soldatene stod ____ (skjelve) på oppstillingsplassen.
3. Anders ble ____ (stå) som forsteinet.
4. Vi hadde den gangen ____ (ligge) en haug med skrot på loftet.
5. Medisinstudenten kom ____ (løpe), men fant pasienten ____ (ligge) livløs i senga.
6. Maratonløperne hadde allerede ____ (løpe) 30 kilometer.
7. Alle hadde ____ (skulle) gjøre det.
8. Jeg har ____ (la) deg begynne.
9. Han ble ____ (gå) å tenke på det som hadde skjedd.
10. Are fant Ruth ____ (sitte) i senga.
11. Vi har dessverre ofte ____ (se) henne gråte.
12. Da vi kom ____ (gå) forbi parken, satt noen ungdommer ____ (fnise) på en benk.

82. Oversett til norsk** (§§ 157-161):

1. Die seit mehreren Wochen streikenden Arbeiter begannen langsam frustriert zu werden.
2. Obwohl der Chef angelaufen kam, blieben die Angestellten in Ruhe sitzen.
3. Dem für alle unakzeptablen Vorschlag ist mit Hohngelächter begegnet worden.
4. Mehrmals haben wir die Nachtigall singen hören.

83. Gjør om til *bli*-passiv (§ 162):
Eksempel: Hunden *bet* gutten. → Gutten *ble bitt* av hunden.

1. Kongen foretok den høytidelige åpningen av den nye brua mellom Norge og Sverige.
2. Hver morgen hentet Ole posten.
3. Jeg legger lommeboka i skuffen.
4. Han strøk skjortene sine i går.
5. Alle sigarettene hadde tyvene stjålet.
6. De har revet det gamle uthuset på gården.
7. Vi skal male hytta vår.
8. De skulle ha vasket bilene.
9. Politiet mistenkte motorsyklistene for innbruddet.
10. Politikerne burde ha løst trafikkproblemene i byen for lenge siden.
11. Vaktmesteren har reparert hagegjerdet.
12. Du må løse oppgavene.
13. Elevene spilte et stykke av Ibsen på sommeravslutningen.
14. Jeg veltet den nye blomstervasen som stod på bordet i gangen.
15. Mia knuste det store speilet som hang på soverommet ved et uhell.
16. Johan skrev et utkast til et sint brev til lokalavisa på mandag.
17. Før sommerfesten ryddet alle naboene lekeplassen for søppel.

84. Oversett til norsk. Bruk _s_-passiv der det er mulig (§§ 163-165):

1. Bevor die Aufgaben gemacht werden, sollten unbedingt §§ 163-165 gelesen werden!
2. Wir wurden oft von dem starken Wind an der Küste überrascht.
3. Der Vorschlag ist von den meisten gut angenommen worden.
4. Es wird behauptet, dass das Klima in der Welt ständig milder wird.
5. Das Problem ist zu lösen.
6. Der Kuchen muss 55 Minuten lang bei 200 Grad in den Ofen gestellt werden.
7. Es muss gesagt werden, dass dies keine optimale Lösung ist.
8. Es wurden große Mengen Bier auf dem Fest getrunken.
9. Die Koffer wurden in aller Eile gepackt.
10. Die Rechnungen werden immer pünktlich bezahlt.
11. Zum Schluss wurde das Zimmer aufgeräumt.

85. Oversett til tysk (§§ 167,168):

1. Har jeg fått forklart det rett?
2. Kan vi få utlevert pakkene på dette postkontoret eller må vi gå på hovedpostkontor?
3. Hun fikk sydd seg en ny kjole.
4. Du må få ryddet rommet ditt før besteforeldrene dine kommer på besøk.
5. Disse oppgavene lar seg løse.
6. Leksene skal være gjort innen onsdag.
7. Alle flaskene var for lengst drukket opp.
8. Ved synet av henne ble hun temmelig sjokkert over den nye frisyren.
9. En slik fingerferdighet må læres.
10. Jeg er sikker på at det lar seg ordne i tide før fristen går ut på fredag.

86. Oversett til norsk (§§ 169,170):
1. Meinst du, dass wir das machen sollen?
2. Es gab sehr viele Anfänger in dem Kurs.
3. Wir verkehren glücklicherweise nicht in diesen Kreisen.
4. Kannst du dich an das erste Mal erinnern?
5. Sie werden sich scheiden lassen.
6. Ich frage mich, ob er sich eigentlich bei seiner neuen Stelle wohl fühlt.
7. Sie hoffte, dass sie sich bald treffen könnten.
8. Sehen wir uns bald?

87. Oversett til norsk (§§ 171,175):
1. Das Konzert ist leider abgesagt worden.
2. Wann kommst du in Gardermoen an?
3. Jarles Witze trugen beträchtlich zur guten Stimmung auf dem Fest bei.
4. Du musst nicht vergessen, den Brief zu unterschreiben.
5. Kannst du bitte den Fernseher anstellen?
6. Sie zogen ihre Gummistiefel an, weil das Gras nass war.
7. Die Fischer zogen ihre Netze ein.
8. Wenn ich nachdenke, ist es klar, dass du Recht hast.
9. Ich habe auch letztes Jahr abgelehnt, das Amt zu übernehmen.
10. Ihr habt wohl nicht aufgegeben Norwegisch zu lernen?

Kapittel 8   Preposisjoner (§§ 176-177)

88. Oversett til tysk (§ 176):

1. De bodde i en stor by.
2. Er Petter forelsket i henne?
3. Vi skal reise til Stavanger.
4. Denne gaven er til mamma fra meg.
5. Hva skal jeg gjøre med den?
6. Jeg gleder meg til å reise på ferie.
7. Alle ventet på at forestillingen skulle begynne.
8. De unnskyldte seg for at de kom for seint.
9. Kåre Dag er flink til å strikke.
10. Trekken kommer av at døra står åpen.
11. Hvem bodde du sammen med?
12. Hvor kommer du fra?
13. Oppgavene som du arbeider med, har forskjellig vanskelighetsgrad.
14. Brevet som hun skrev på, var til en gammel venn.
15. Misforståelsen ble oppklart i løpet av samtalen.
16. I stedet for å protestere burde du bare gjøre det.
17. På grunn av hetebølgen ble arrangementet avlyst.
18. For femten år siden bodde han ennå i Tyskland.
19. Kan jeg få sitte ved siden av deg?

89. Sett inn den norske preposisjonen (§ 176):

1. Tre ___ (*von*) eggene var råtne.
2. Jeg kan først gjøre det ___ (*nach*) solnedgang.
3. Simon var redd ___ (*vor*) hunder.
4. Kommer du ___ (*aus*) Tyskland?
5. Han så ut ___ (*durch*) vinduet.
6. Bildet hang ___ (*an*) veggen.
7. ___ (*An*) begynnelsen fikk de ingenting til.
8. ___ (*Um*) sjutida skulle de spise kveldsmat.
9. Hytta vår ligger ___ (*an*) sjøen.

10. Nå må du snart gå ___ (*zu*) frisøren.
11. Fredrik skulle reise ___ (*nach*) Ålesund, Lise dro på ferie ___ (*an*) Rhinen, mens Terje var på vei ___ (*in*) Sveits.
12. Jeg løp rett ___ (*gegen*) ei jernstang.
13. Han oppfører seg vennlig ___ (*zu*) alle og enhver.
14. De kom ___ (*an vorbei*) jernbanestasjonen.
15. Hvor langt er det ___ (*von*) Bergen ___ (*nach*) Geilo?
16. ___ (*Bei*) deg er det godt å være.
17. En elg kom til syne ___ (*zwischen*) trærne.
18. Er det smykket ___ (*aus*) ekte gull?
19. Bestefar døde ___ (*an*) kreft.
20. ___ (*Hinter*) garasjen vokste det et stort bringebærkratt.
21. Gisselet skalv ___ (*vor*) angst.
22. Jeg lengter ___ (*nach*) deg.
23. Toget kjører bare ___ (*bis*) Halden.
24. Det dreier seg ___ (*um*) et helt nytt konsept.
25. ___ (*An*) kvelden og ___ (*in*) natta kunne de høre musene løpe rundt ___ (*auf*) loftet.
26. Hun satte gryta rett ___ (*auf*) bordet.
27. Det var ikke ei eneste ledig solseng å oppdrive ___ (*an*) stranda.
28. Er du sint ___ (*auf*) meg?
29. Jeg er ___ (*auf*) jakt ___ (*nach*) et godt eksempel.

90. Sett inn riktig preposisjon
   (*av, på* eller *fra*? § 177):

1. Døra ble åpnet ___ en ___ de hotellansatte.
2. Vi tror gjerne ___ det.
3. De ble angrepet ___ en sint hund.
4. Hvem har du det ___?
5. Vi er ___ jakt etter en ny leilighet.
6. Hva er størrelsen ___ denne buksa?
7. Jeg reiser ___ Lillehammer i dag.
8. Det var bare snø helt ___ toppen av fjellet.

9. Av og til tviler jeg ___ nytten av dette.
10. Glasset var fullt ___ øl.
11. Han var ___ seg ___ sinne.
12. Bestefar er blitt temmelig tunghørt ___ sine gamle dager.
13. Er de øredobbene ___ platina?
14. I morgen skal vi få besøk ___ noen venner ___ oss.
15. Har du allerede smakt ___ maten?
16. Er det lettest å oversette ___ norsk eller ___ tysk?
17. Først måtte barna vaske seg ___ hendene.
18. Hvor kommer de appelsinene ___?
19. Kan du spise opp resten ___ maten?
20. Jeg ser like godt ___ begge øynene.
21. Hva er prisen ___ syltetøyet?
22. Elevene ble svært sinte ___ matematikklæreren sin.
23. Du kan få disse skoene i alle størrelser ___ 36 til 45.
24. Hva døde bestefaren din ___?
25. En ___ lærerne heter Kjartan.
26. Du er vel ikke sjalu ___ meg?
27. Hun hadde gjort det ___ sjalusi.
28. ___ baksiden ___ huset hadde de en stor hage.
29. Sønnen min har allerede lest halvparten ___ boka.
30. Der tok jeg deg ___ fersk gjerning!

91. Sett inn riktig preposisjon
   (*i, om* eller *på*? § 177):

1. ___ dag regner det hele tiden.
2. Det går ei ferge ___ dagen og ei ___ natta.
3. ___ to måneder skal jeg ta eksamen.
4. Jeg har ikke vært i Danmark ___ tre år.
5. De har bodd i Australia ___ fire år.
6. Han har forsøkt å ringe til henne minst tjue ganger ___ løpet av ei uke.
7. Jeg er født ___ september.
8. ___ lørdagen spiser de alltid fisk.

9. ___ mandag skal han til tannlegen.
10. Klokka er ti ___ fem.
11. Han kommer ___ en halv time.
12. ___ tre og et halvt år underviste han ved universitetet i Münster.
13. ___ 2005 hadde Norge vært en egen nasjonalstat ___ 100 år.
14. ___ fire måneder skal vi bli besteforeldre.
15. ___ fjor hadde Kåre og Solveig vært gift ___ fem år.
16. Bjørnstjerne Bjørnson levde ___ det 19. århundret.
17. Det skjedde ___ 1900-tallet.
18. Hun har ikke truffet ham ___ lenge.
19. Vi ventet på henne ___ to timer.
20. ___ ni uker er det et år siden vi flyttet inn i det nye huset.

92. Sett inn riktig preposisjon
(*i*, *om*, *på*, *til*, eller *ved*? [*an* på tysk] § 177):

1. I går skrev jeg et brev ___ Berit.
2. Lampa henger ___ taket.
3. Jeg må tenke ___ avtalen.
4. Han tok henne ___ hånden.
5. De skal møtes ___ kvelden.
6. Kan du skrive det ___ tavla?
7. Når drar du ___ Sandnessjøen?
8. Dere kan sette dere ___ vinduet.
9. Det henger massevis av pærer ___ treet.
10. Hun er ennå ___ live.
11. De koste seg ___ peisen.
12. Om femten minutter kan dere gå ___ land.
13. Vi skriver ___ en norsk øvelsesgrammatikk.
14. Hamar ligger ___ Mjøsa.
15. Nå må du slutte å dra ham ___ håret.
16. Sett deg ___ bordet!
17. I mars reiser vi ___ Mosel.
18. ___ kvelden går vi til sengs.

93. Sett inn riktig preposisjon
(*av* eller *fra*? [*aus* på tysk] § 177):

1. Hun kommer ___ Frankrike.
2. Huset er ___ tre.
3. Ferga ___ Oslo ankommer om tre timer.
4. ___ skade blir man klok.
5. Hun gjorde det ___ kjærlighet til ham.
6. Han hadde et hjerte ___ stein.
7. Ringen var ___ gull.
8. Hun hentet bilen ut ___ garasjen.
9. Utsikten ___ vinduet var fantastisk.
10. De barna stammer ___ hans første ekteskap.
11. Maleriet skal være ___ det 17. århundret.
12. Elise skal komme ___ en god familie.
13. ___ erfaring vet jeg hvor vanskelig preposisjonene kan være.

94. Sett inn riktig preposisjon
(*til* eller *for*? [*für* på tysk] § 177):

1. Hva kan jeg gjøre ___ deg?
2. Hva skal vi spise ___ middag?
3. Vi har dessverre ikke plass ___ dere i bilen.
4. Hvilken presang skal vi kjøpe ___ ham?
5. Vi har ansvar ___ barna våre.
6. Fins det ei ledig hytte ___ ei natt?
7. Jeg har ei pakke ___ deg.
8. Jeg har ikke nok penger ___ en dyr presang.
9. Nå er det nok ___ i dag.
10. Jeg kan gjerne legge ut ___ deg.
11. Har du forberedt deg skikkelig ___ eksamen?
12. Han forklarte henne ord ___ ord hva som stod i brevet fra likningskontoret.
13. De norske preposisjonene er vanskelige ___ tyskere som vil lære norsk.

95. Sett inn riktig preposisjon
(*om*, *i* eller *på*? [*in* på tysk] § 177):

1. Bor du ___ byen eller ___ landet?
2. ___ vinteren reiser vi alltid til Geilo.
3. Hun kom hit ___ slutten av juli.
4. ___ middelalderen ble det bygd mange kirker rundt omkring i Europa.
5. Midt ___ natta våknet han av en uforståelig grunn og klarte ikke å sovne igjen.
6. Vi skal tilbake til Tyskland ___ ei uke.
7. ___ forrige uke var jeg hos tannlegen.
8. Vi skal reise bort ___ ferien.
9. Pål snekrer ___ loftet, mens Siv sitter ___ stua og leser ___ avisa.
10. Vi har pusset opp alle rommene ___ huset bortsett fra badeværelset.
11. Erna er ___ badet, mens mannen hennes er ___ kjøkkenet og lager frokost.
12. Han snakker ___ søvne.
13. Maria deltok ___ et språkkurs ___ Norge.
14. Jeg skal komme ___ et øyeblikk.
15. Solveig har studert skandinaviske språk og underviser nå både ___ norsk, dansk og svensk.
16. Jorunn satt ___ lenestolen og leste ___ ei spennende bok om den franske revolusjonen.
17. ___ år skal jeg bli pensjonist.
18. Aleksander er ikke flink ___ kjemi.
19. Jens arbeider ___ et kontor og Eva er lærer ___ den norske skolen.
20. Jeg har bodd ___ Hammerfest i noen år, men nå bor jeg ___ Koppang.
21. Bilene stod ___ en lang kø.
22. De skal gå ___ teatret ___ kveld.
23. Det vokser mange fine blomster ___ hagen.

96. Sett inn riktig preposisjon
(*om, av* eller *fra*? [*von, über* på tysk] § 177):

1. Boka handlet ___ ei ensom kvinne.
2. Vi skal snakke ___ det i morgen.
3. Det er ikke lange veien ___ Halden til Svinesund.
4. ___ toppen ___ dette fjellet har man en fin utsikt.
5. Vet du noe ___ denne saken?
6. Glasset var fullt ___ melk.
7. Dette er et bilde ___ foreldrene mine.
8. De var i utlandet ___ november til mars.
9. Jeg vet ingenting ___ saken.
10. De fikk et brev ___ skolen.
11. Kan du oversette ___ norsk til tysk?
12. ___ Oslo til Bergen er det 484 kilometer.
13. Vi skal sikkert bli enige ___ det.

97. Oversett til norsk *an* (§ 177):
1. Bayern München liegt zur Zeit an der Tabellenspitze.
2. Das Bild hängt an der Wand.
3. Setz dich bitte an den Tisch!
4. Daran musst du dich gewöhnen.
5. Maria steht den ganzen Vormittag am Herd.
6. Warst du schon einmal am Rhein?
7. Am Samstag findet die Ziehung der Lottozahlen statt.
8. Wir fahren jeden Sommer ans Meer.
9. Am Strand lagen viele Nudisten.
10. An der Tür hängt ein Schild.
11. Ich denke ständig an dich.
12. Wer ist am Telefon?
13. An der Kreuzung ist die Ampel ausgefallen.
14. Am Geldautomaten war eine lange Schlange.
15. Die Metzgerei an der Ecke musste geschlossen werden.
16. Am nächsten Wochenende findet eine große Veranstaltung statt.

17. Die Apotheke liegt an der rechten Straßenseite.
18. Das liegt mir am Herzen.
19. Er hat das Herz am rechten Fleck.
20. Sie arbeitet an einer neuen Erfindung.
21. Am Baum hängen viele Äpfel.
22. Mitten am Tag waren die Gardinen zugezogen.
23. Heute sind die Sterne am Himmel gut zu sehen.
24. Sie schreiben an einem Übungsbuch zur norwegischen Grammatik.
25. Der Hund liegt am Boden.
26. Der Lehrer schrieb den Satz an die Tafel.
27. Er muss noch einige Wochen an Krücken gehen.
28. Er fühlt sich wie das fünfte Rad am Wagen.
29. Riech mal an dieser Blume!
30. Stellst du bitte das Teil wieder an den richtigen Platz.
31. Glaubst du an Gott?
32. Er ist Lehrer an einem Gymnasium.
33. Es ist an der Zeit aufzuhören.
34. Sie arbeitet nun schon seit Monaten an dieser Sache.
35. Lise sitzt immer am Steuer.
36. An der Kasse war eine lange Schlange.
37. Viele Grüße an deine Nichte.
38. Es war keine Wolke am Himmel.
39. Er litt an einer ansteckenden Krankheit.

98. Oversett til norsk *auf* (§ 177):
1. Die Schüler sitzen auf ihren Stühlen.
2. Setzt euch bitte auf eure Plätze!
3. Sie werden den ganzen Sommer auf Langeoog verbringen.
4. Auf der Fensterbank stehen Blumen.
5. Lena kniet auf der Bank.
6. Simon steht auf der Leiter.
7. Johan malt auf das Blatt Papier.
8. Auf dem Rasen lag ein Fußball.
9. Auf dem Dach sitzt ein Storchenpaar.

10. Auf dem Bild war ein Elefant.
11. Auf dem Herd kocht das Wasser.
12. Es ist in Deutschland sehr beliebt, Ferien auf dem Bauernhof zu verbringen.
13. Auf der Mauer sitzt ein Rotkehlchen.
14. Auf ein Kilo gehen vier Birnen.
15. Wir haben kein Geld mehr auf dem Konto.
16. Ich hoffe, dass er auf andere Gedanken kommt.
17. Ihr könnt nicht dauerhaft alle Verantwortung auf andere schieben.
18. Kannst du morgen auf meine Kinder aufpassen?
19. Auf der Rückfahrt von Fredrikhavn sind wir in einen Stau gekommen.
20. Sie kann das Schild nicht einmal auf einen Meter Entfernung lesen.
21. Auf dieses Abenteuer kann ich mich nicht einlassen.
22. Kannst du diesen Satz auf Norwegisch sagen?
23. Sie wohnen auf dem Lande.
24. Es war Liebe auf den ersten Blick.
25. Warum willst du unbedingt auf die Universität gehen?
26. Sie trägt einen Hut auf dem Kopf.
27. Ich will das auf keinen Fall tun.
28. Er arbeitet auf einem Bau.
29. Warst du schon einmal auf den Lofoten?
30. Setz dich aufs Sofa!
31. Am Wochenende sind wir auf einer goldenen Hochzeit eingeladen.
32. Auf Wunsch von Karen wurde ein langsamer Walzer gespielt.
33. Auf Grund seiner Krankheit musste er mit dem Sport aufhören.
34. Auf Regen folgt Sonnenschein.
35. Auf einmal war die gute Stimmung der Festteilnehmer vorbei.
36. Sie leben auf großem Fuß.

99. Oversett til norsk* *auf* (§ 177):

1. Sie hat alles auf eine Karte gesetzt.
2. Hast du noch einen besseren Wein auf Lager?
3. Sie befinden sich auf der Flucht.
4. Du gehst mir auf den Wecker.
5. Meine Eltern gehen auf die siebzig zu.
6. Sie haben das Recht auf Privatsphäre.
7. Er ist wieder auf freiem Fuß.
8. Sie geht in Hamburg auf den Strich.
9. Am Mittwoch hat die Polizei zwei Einbrecher auf frischer Tat ertappt.
10. Er kroch auf allen Vieren durch die Wohnung.

100. Oversett til norsk *aus* (§ 177):

1. Der Ring ist aus Gold.
2. Ich lerne die Vokabeln aus Spaß.
3. Die Vase ist aus dem 5. Jahrhundert.
4. Der Reifen ist aus Gummi.
5. Aus Schaden wird man klug.
6. Er trinkt aus der Flasche.
7. Gestern ist sie aus dem katholischen Krankenhaus entlassen worden.
8. H. C. Andersen kommt aus Dänemark.
9. Um zwei Uhr kommen die Kinder aus der Schule.
10. Ich konnte es nur aus der Ferne beobachten.
11. Aus Milch macht man Butter und Käse.
12. Er tut es aus Liebe.
13. Weißt du, was aus ihr geworden ist?
14. Ich werde aus dir nicht klug.
15. Das musst du dir aus dem Kopf schlagen!
16. Sie hat sich aus eigener Initiative einen Ferienjob gesucht.
17. Die älteste Tochter unserer besten Freunde ist längst aus dem Nest.
18. Aus eigener Erfahrung weiß ich, wie schwierig die norwegischen Präpositionen sind.

101. Oversett til norsk *bei* (§ 177):

1. Jens ist bei der Polizei.
2. Else wohnt bei Helga.
3. Bei Ebbe kann man am Strand Sandburgen bauen.
4. Sie hat kein Geld bei sich.
5. Hast du bei dem Quiz mitgemacht?
6. Sie gehen bei Wind und Wetter spazieren.
7. Sie schlafen das ganze Jahr über bei offenem Fenster.
8. Er lebte viele Jahre bei den Eskimos.
9. Beim Schulausflug ist ein Unfall passiert.
10. Wir werden heute beim Griechen essen.
11. Sie darf bei dem Theaterstück die Hauptrolle spielen.
12. Die Schuld liegt nicht bei dir.
13. Sie ist beim Film.

102. Oversett til norsk* *bei* (§ 177):

1. Ich kann dir bei weitem nicht alles sagen.
2. Ich nehme dich beim Wort.
3. Ich muss mir bei jemandem Rat einholen.
4. Du bist wohl nicht ganz bei Verstand.

103. Oversett til norsk *bis* (§ 177):

1. Das Buch muss bis zum Sommer fertig werden.
2. Sie reisten über Göteborg nach Oslo.
3. Es dauerte eine Ewigkeit bis der Krankenwagen kam.
4. Zwischen ein und drei Uhr ist Mittagspause.
5. Es dauert noch eine Weile bis zur Abfahrt.
6. Das Kleid reichte ihr bis zu den Knien.
7. Er ist bis auf die Haut nass geworden.
8. Wir fliegen bis Torp.
9. Ich bin bis zwei Uhr in der Schule.
10. Jugendliche bis zu 18 Jahren haben keinen Zutritt.
11. Die Aula war bis auf den letzten Platz besetzt.
12. Silvester sind Inger Johanne und ich bis Mitternacht aufgeblieben.

104. Oversett til norsk *durch* (§ 177):

1. Durch die Anziehungskraft des Mondes entsteht Ebbe und Flut.
2. Durch das Fenster kann ich das Meer sehen.
3. Pass auf, wenn du durch die Tür gehst!
4. Sie muss lernen, durch die Nase zu atmen.
5. Die Stadt wurde durch Bomben zerstört.
6. Der Ball flog durch die Fensterscheibe.
7. Durch ihn habe ich wieder lachen gelernt.
8. Wir sind durch die Stadt gelaufen.
9. Wir haben eine Reise durch Norwegen gemacht.
10. Die Kommode passt nicht durch die Tür.
11. Ich schicke es dir durch die Post.
12. Acht geteilt durch vier ist zwei.

105. Oversett til norsk *für* (§ 177):

1. Ich habe keine Zeit für dich.
2. Er möchte gerne für Schalke spielen.
3. In Norwegen bedankt man sich für das Essen.
4. Ich habe ein Geschenk für dich.
5. Wir haben nicht genug Geld für ein neues Boot.
6. Ich werde für immer bei dir bleiben.
7. Kannst du bitte das Essen für mich bezahlen?
8. Für 100 Kronen bekommt man ungefähr 28 Euro.
9. Tag für Tag tut sie dasselbe.
10. Ich würde alles für dich tun.
11. Hast du einen Ausweis für die Bibliothek?
12. Er ist für diesen Job nicht geeignet.
13. Für diese Aufgabe braucht man etwas Geduld.
14. Hast du dich für diese Stelle beworben?
15. Er ist Professor für Deutsch in Halden.
16. Konntest du das Geheimnis nicht für dich behalten?
17. Ich bin verantwortlich für meine Kinder.
18. Für ihr Alter ist sie sehr groß.
19. Es ist viel zu kalt für Juni.

106. Oversett til norsk *in* (§ 177):
1. In sieben Jahren bist du erwachsen.
2. Unsere Freunde wohnen seit kurzem in unserer Straße.
3. In Österreich hat es in diesem Winter kaum geschneit.
4. Sie spricht im Schlaf.
5. Bist du im Supermarkt gewesen?
6. Im September haben wir Hochzeitstag.
7. Die Kinder spielen in ihren Zimmern.
8. Im Badezimmer brennt noch Licht.
9. In Oslo ist es schön, aber ich möchte lieber in Lillehammer leben.
10. Unsere Nachbarn fahren jedes Jahr in die Schweiz.
11. Das Haus ist in einem guten Zustand.
12. Sie gingen Arm in Arm durch die Stadt.
13. Bei jedem kleinen bisschen brach sie in Tränen aus.
14. Kommst du mit ins Wasser?
15. Die Schüler können das Einmaleins im Schlaf.
16. In der Spülmaschine befindet sich noch schmutziges Geschirr.
17. In dem Pullover ist ein Loch.
18. Im Regal stehen viele Bücher.
19. Kommst du mit ins Kino?
20. Es passen sieben Personen in das Auto.
21. Im Fernsehen läuft ein guter Spielfilm.
22. Merle schläft im Bett.
23. Im Büro ist zur Zeit viel Arbeit.
24. Die Pferde müssen in den Stall gebracht werden.
25. Sie hat das Problem in kurzer Zeit verstanden.
26. In der Tasse ist noch ein Rest Tee.
27. Was hast du in deiner Tasche?
28. Pass auf, wenn du in den Bus steigst!
29. In manchen Punkten muss ich dir Recht geben.
30. Dieses Buch erscheint im Gottfried Egert Verlag.
31. Im Augenblick fallen mir keine weiteren geeigneten Beispiele ein.

107. Oversett til norsk* *in* (§ 177):
1. Er benahm sich wie ein Elefant im Porzellanladen.
2. Da müssen wir wohl oder übel in den sauren Apfel beißen.
3. Sie liefen im Gänsemarsch über den Hof.
4. Ich fühle mich wie im siebten Himmel.

108. Oversett til norsk *mit* (§ 177):
1. Er geht mit seiner Freundin in die Disko.
2. Kennst du die Dame mit Hut?
3. Mit der Digitalkamera kann man gute Fotos machen.
4. Die Schokolade ist mit Nüssen.
5. Die meisten Menschen schreiben mit der rechten Hand.
6. Geh bitte vorsichtig mit dem Porzellan um!
7. Er warf mit Steinen.
8. In der Küche steht ein Korb mit Obst.
9. Ich habe Probleme mit dem Einschlafen.
10. Mit langsamen Schritten verließ sie das Hotel.
11. Ich esse am liebsten Brot mit Wurst.
12. Sprich nicht mit vollem Mund!
13. Du musst deine Hände mit Seife waschen!
14. Er hat erst mit fünfunddreißig Jahren sein Studium beendet.
15. Sie kam mit ihren Eltern ins Restaurant.
16. Sie ist geschickt im Umgang mit Nadel und Faden.
17. Sie fuhr mit dem Fahrrad zur Arbeit.
18. Willst du mit uns essen?
19. Ich habe das mit Absicht getan.
20. Er aß mit gutem Appetit.

109. Oversett til norsk *nach* (§ 177):
1. Es ist zehn nach fünf.
2. Wir fahren diesen Sommer nach Schweden.
3. Nach sieben Stunden Autofahrt kamen sie endlich an.
4. Wann kommst du nach Hause?
5. Nach meiner Ansicht besteht noch Hoffnung.
6. Sie lebten nach den zehn Geboten.

7. Sie kommt nach seiner Mutter.
8. Wenn du an der zweiten Ampel bist, musst du nach links abbiegen.
9. In Norwegen bedankt man sich nach dem Essen.
10. Nach acht Uhr muss Ruhe bei uns einkehren.
11. Dem Gesetz nach darf man mit 16 Jahren rauchen.
12. Die Sonne zieht von Osten nach Westen.
13. Nach dem Unterricht bekommt ihr ein Eis.
14. Nach 17 Uhr trinke ich keinen Kaffee mehr.
15. Nach einem Unfall ist die Autobahn gesperrt.
16. Ich habe lange nach dir gesucht.
17. Sie ist immer nach der neuesten Mode gekleidet.
18. Ich kenne sie nur dem Namen nach.

110. Oversett til norsk *über* (§ 177):
1. Sie lief über die Straße ohne nach links und rechts zu schauen.
2. Was weißt du über die Französische Revolution?
3. Ich lerne nun schon über acht Jahre Norwegisch.
4. Über den Wolken muss die Freiheit wohl grenzenlos sein.
5. Wir haben gerade über dich gesprochen.
6. Alle Mann über Bord.
7. Seine Noten liegen über dem Durchschnitt.
8. Er hat im Diktat über zehn Fehler gemacht.
9. Sie sitzt den ganzen Tag über ihren Büchern.
10. Die Sonne steht über dem Äquator.
11. Sie strich ihm liebevoll übers Haar.
12. Er sprach ausführlich über die Ausbaupläne.
13. Er ist nicht mehr Herr über die Situation.
14. Es machte den Kindern Spaß, über den Graben zu springen.
15. Sie wohnen eine Etage über uns.
16. Der Ort liegt 1000 Meter über dem Meeresspiegel.
17. Sie trägt einen Mantel über dem Kleid.
18. Er springt über den Zaun.
19. Sie flogen über die Alpen.

20. Freudentränen liefen ihr über die Wangen.
21. Der Bus fährt nicht über Skien.
22. Ich werde über das Wochenende zum Segeln fahren.
23. Kinder über zehn Jahre müssen Eintrittsgeld bezahlen.
24. Ich habe die Telefonnummer von dir über einen Freund bekommen.

111. Oversett til norsk *um* (§ 177):
1. Um sieben Uhr geht die Fähre.
2. Um das Haus herum wachsen viele große Büsche.
3. Wir sind gestern um die ganze Insel gewandert.
4. Um Mitternacht läuteten die Glocken.
5. Ich möchte dich um Entschuldigung bitten.
6. Das Taxi bog um die Ecke.
7. Er wird so um die fünfzig sein.
8. Die Erde kreist um die Sonne.
9. Ich habe gerne viele Menschen um mich herum.
10. Um die Wunde muss ein Verband gemacht werden.
11. Das Kleid muss um 3 cm gekürzt werden.
12. Er hat Angst um seinen Arbeitsplatz.
13. Er ist um einen Kopf größer als sein Bruder.
14. Ich bitte um Verständnis.
15. Wir haben um Antwort gebeten.
16. Sie ist ständig in Sorge um ihre Kinder.
17. Die Kosten sind um 4 % gestiegen.
18. Auge um Auge, Zahn um Zahn.
19. Er ist rund um die Uhr beschäftigt.

112. Oversett til norsk *unter* (§ 177):
1. In der Wohnung unter uns wohnt ein älteres Ehepaar.
2. Er lebte ein Jahr lang unter den Eingeborenen auf der Insel.
3. Die Skiloipe ging unter einer Brücke durch.
4. Unter dem Dach wohnen Spatzen.
5. Unter Umständen müssen wir umziehen.
6. Er leidet seit seiner Kindheit unter Neurodermitis.

7. Unter einer Bedingung darfst du mit zum Schwimmen gehen.
8. Seine Noten lagen unter dem Durchschnitt.
9. Die Temperatur liegt unter Null Grad.
10. Der Schlüssel liegt unter der Matte.
11. Sie schlafen unter freiem Himmel.
12. Wir sind gerne unter Menschen.
13. Die Serviette liegt unter dem Teller.
14. Jan steht unter der Dusche.

113. Oversett til norsk* *unter* (§ 177):
1. Er steht unter ihrem Pantoffel.
2. Diese Sache sollten wir unter vier Augen klären.
3. Das ist unter meiner Würde.
4. Das ist unter meinem Niveau.
5. Das ist unter aller Kritik.
6. Er steht unter Schock.
7. Es gibt nichts Neues unter der Sonne.
8. Es ist, unter uns gesagt, eine Schande für die Familie.

114. Oversett til norsk *von* (§ 177):
1. Das Buch wurde von einem Russen geschrieben.
2. Das Haus war voll von Gästen.
3. Von Kiel nach Oslo fährt die Color Line.
4. Das Geschenk ist von mir für dich.
5. Nur die Hälfte vom Kuchen wurde gegessen.
6. Ich kenne ihn von früher.
7. Er hat ein Foto von seiner Freundin auf dem Schreibtisch.
8. Die Heiligen Drei Könige zogen von Haus zu Haus.
9. Mein Großvater hat viel vom Krieg erzählt.
10. Hast du die Nachricht von dem Bahnunfall gehört?
11. Die Milch kommt von der Kuh.
12. Was willst du von mir haben?
13. Der ganze Ort wurde von einer Lawine begraben.
14. Kannst du mir eine Karte von Norwegen zeigen?

15. Das ist nett von dir.
16. Gestern habe ich einen Brief von meiner Cousine aus Australien bekommen.
17. Er wischt sich den Schweiß von der Stirn.
18. Die Königin von Schweden stammt aus Deutschland.
19. Er ist Lehrer von Beruf.
20. Wir haben nicht von dir gesprochen.
21. Sie zehren von ihren Ersparnissen.
22. Da kommt ein Auto von vorne.
23. Er lebt nur von Wasser und Brot.
24. Wir müssen die Wäsche von der Leine nehmen.
25. Das war ein Fehler von mir.
26. Die Bücher wurden von verschiedenen Verlagen herausgegeben.
27. Sie haben zwei Kinder im Alter von vier und sieben Jahren.
28. Er wurde von seinem Vater gelobt.
29. Das ist Brot von gestern.
30. Das Geschenk kommt von Herzen.

115. Oversett til norsk* *von* (§ 177):
1. Rühr dich nicht vom Fleck!
2. Ich freue mich von ganzem Herzen für euch.
3. Er kam vom Regen in die Traufe.
4. Es ist nichts von Bedeutung.
5. Ich kenne ihn von Kindheit an.
6. Der Apfel fällt nicht weit vom Stamm.

116. Oversett til norsk *vor* (§ 177):
1. Es geschah vor fünf Stunden.
2. Sie kam zehn Minuten vor mir nach Hause.
3. Hast du Angst vor mir?
4. Vor Kummer wurde er depressiv.
5. Sie mussten vor der Ampel anhalten.
6. Sie sahen den Wald vor lauter Bäumen nicht.
7. Du hast dein ganzes Leben noch vor dir.

8. Es ist Viertel vor acht.
9. Wir treffen uns um acht Uhr vor dem Kino.
10. Er steht ständig vor dem Spiegel.
11. Vor „dass" steht im Deutschen immer ein Komma.
12. Vor Ablauf der Frist muss Einspruch eingelegt werden.
13. Sie konnte vor Schreck nichts sagen.
14. Das Auto steht vor der Garage.
15. Ole und Jonas sitzen vor dem Fernseher.
16. Er schlief vor Müdigkeit ein.
17. Vor lauter Rauch konnten wir nichts sehen.
18. Sie zitterten vor Angst.
19. Das geschah lange vor meiner Zeit.
20. Vor Weihnachten ist es bei uns zu Hause immer sehr gemütlich.
21. Der Unfall geschah direkt vor meinen Augen.
22. Sie sah das Bild einer Prinzessin vor sich.
23. Er brach vor Verzweiflung zusammen.

117. Oversett til norsk *zu* (§ 177):
1. Zu Ostern fahren wir ins Gebirge.
2. Astrid hat vergangene Woche Zwillinge zur Welt gebracht.
3. Scher dich zum Teufel!
4. Zum Frühstück gibt es frische Brötchen.
5. Zur Zeit wird überall Karneval gefeiert.
6. Unsere Kinder gehen gerne zur Schule.
7. Was sagst du zu diesem Vorschlag?
8. Ich möchte dich zum Essen einladen.
9. Zu Beginn des Empfanges hielt der Bürgermeister eine Rede.
10. Zum Glück ist nicht passiert.
11. Hoffentlich kommst du bald zur Vernunft.
12. Sie kamen zur Tür herein.
13. Ich habe zwei Kleider zum Preis von einem bekommen.
14. Morgen gehe ich zum Arzt.
15. Wir sollten bald zu Bett gehen.

16. Was hast du ihr zur Antwort gegeben?
17. Wir bleiben heute zu Hause.
18. Mutter kommt zu Mittag nach Hause.
19. Zum Dank für die Hilfe haben wir eine Flasche Wein bekommen.
20. Sie wurde zur Direktorin der Universität ernannt.
21. Sie kämpften bis zum letzten Mann.
22. Morgen muss ich wieder zur Arbeit.
23. Das Glas war bis zum Rand gefüllt.
24. Ich habe dir diese Aufgabe nun schon zum zweiten Mal erklärt.
25. Erik hat einen sehr netten Klassenkameraden zum Freund.

118. Oversett til norsk* (§§ 176,177):
1. Der Junge wollte nicht mit dem kleinen Mädchen spielen.
2. Er hoffte, bei ihr übernachten zu dürfen.
3. Du kannst dich auf ihn verlassen.
4. Du kannst dich darauf verlassen.
5. Er hat angefangen, das Kreuzworträtsel zu lösen.
6. Es kommt darauf an, ob du nach Hause kommst.
7. Das liegt an seiner Faulheit.
8. Die Freunde, mit denen sie am meisten spielten, wohnten in demselben Haus.
9. Mit wem wirst du tanzen?
10. Woran denkst du?
11. Außer mir waren wir insgesamt zwölf Personen.
12. Der Deckel lag auf dem Topf.
13. Direkt gegenüber dem Haus lag ein großer Parkplatz.
14. Während der letzten Tage ist es mir mehrmals passiert.
15. Wegen des starken Windes durften wir nicht segeln.
16. Vor drei Wochen waren wir im Gudbrandsdalen.
17. Neben dem Tisch saß ein großer Hund.
18. Trotz des Missverständnisses ging zum Schluss alles gut.
19. Statt Präpositionen zu üben, möchte ich lieber einen Film sehen.

119. Oversett til norsk (§ 177):
1. Sie nahm das Kind an der Hand.
2. Kinder sind oft auf ihre jüngeren Geschwister eifersüchtig.
3. Wir fuhren an der Post vorbei.
4. Einer der Gummistiefel hatte ein Loch.
5. Gitte kommt aus Dänemark.
6. Am Anfang waren alle mit ihm zufrieden.
7. Am Mittwoch fliegen wir nach Kirkenes.
8. Sei nett zu mir!
9. Wir waren zu Besuch bei unserem alten Lehrer.
10. Hinter der Schule wuchsen einige große Bäume.
11. Ältere Menschen sehnen sich oft nach Stille und Ruhe.
12. Es geht um ein ziemlich großes Pensum.
13. Die Hütte, die wir gemietet hatten, lag am Meer.
14. Sie verbrachten den ganzen Sonntag am Strand.
15. Sie war wütend auf ihn.
16. Am Morgen nach dem großen Fest waren alle ziemlich müde.
17. Sie radelten singend durch den Wald.
18. Wir stehen normalerweise um halb sieben auf.
19. Susannne hat den Ball gegen die Wand geworfen.
20. Die Busfahrt von Oslo nach Kristiansand dauert etwa fünf Stunden.
21. Das muss unter uns bleiben.
22. Die alte Frau starb an einer seltenen Krankheit.
23. Wie weit ist es nach Mandal?
24. Als sie das Prüfungsergebnis bekamen, weinten sie alle vor Freude.
25. Am Abend saß die ganze Familie vor dem Fernseher.
26. Der Hund saß neben dem Tisch auf dem Boden.
27. Ich sehne mich nach dem Frühling.
28. Hast du Angst vor mir?
29. Kannst du zum Bäcker gehen und Brot kaufen?

Kapittel 9   Konjunksjoner (§§ 182-190)

120. Oversett til tysk (§ 182):
1. Skal du og jeg spille tennis sammen eller vil du heller spille sammen med Solveig?
2. Det er helt forbudt å røyke både på kafeer og restauranter i Norge.
3. Enten du tror det eller ei ville jeg en gang bli skuespiller.
4. Jeg har dessverre verken penger eller bankkort med meg.
5. Været er ikke særlig bra, men det gjør ingenting.
6. Det er ikke spansk, men norsk som Ruth har begynt å studere.
7. Nina er ikke fra Finnmark, men tvert i mot fra Vest-Agder.
8. Ingen hadde lyst til å leke med Anders, for han ville alltid bestemme over de andre.
9. Mange har lest denne boka, men enda flere burde gjøre det.
10. Enten må Petter og Ole eller Kari og Hanne gjøre det, for vi to gjør det i hvert fall ikke.
11. Både Terje og Lise skulle reise til Sveits.
12. Verken Janne eller Egil gledet seg til å reise på ferie.
13. Toget kjører ikke til Halden, men stopper i Fredrikstad.
14. Toget stopper i Fredrikstad, men det gjør ingenting.
15. Vil du fortsette med oppgavene eller vil du heller ta en pause?

121. Oversett til norsk (§ 182):
1. Ich habe weder Langlaufskier noch Alpinskier.
2. Fredrik spielt sowohl Fußball als auch Tennis, während Øyvind weder das eine noch das andere macht.
3. Sie hatten vor, im Garten zu grillen, aber dann begann es zu regnen.
4. Ich möchte nicht kochen, sondern lieber im Restaurant essen.

5. Wir brauchen keine Äpfel mehr zu kaufen, denn wir haben bestimmt drei Kilo zu Hause liegen.
6. Ich habe weder Lust noch Zeit, Romane zu lesen.
7. Der Satz war sowohl grammatikalisch als auch inhaltlich misslungen.
8. Zu diesen Zeiten waren entweder meine Frau oder ich zu Hause.
9. Das da ist doch kein Insekt, sondern ein Vogel.
10. Nicht nur du und ich, sondern auch jeder andere Mensch sollte manchmal seine eigene Situation überdenken.

122. Oversett til tysk (§§ 183-190):
1. Jeg tror at flyet går kvart på sju fra Flesland.
2. Det er ennå ikke avgjort om jeg fortsetter på norskkurset.
3. Vi har pusset opp huset fra kjeller til loft siden du var på besøk hos oss i fjor.
4. Etter at det ble forbudt i Norge å røyke på restaurant, har det blitt lettere for allergikere å gå ut og spise.
5. Før vi reiser til Italia, må vi tegne en reiseforsikring.
6. Fordi toget var forsinket, rakk vi ikke den siste flyavgangen til Trondheim.
7. Ettersom trekket er totalt utslitt, kan vi likegodt kjøpe en ny sofa.
8. Da alle likevel ikke kunne komme, ble festen avlyst.
9. Siden vi er her, kunne vi kanskje drikke kaffe sammen.
10. Selv om disse oppgavene nok kan være tunge, er det lurt å gjøre dem.
11. Enda det var sent på kvelden, lekte barna ute på gata.
12. Til tross for at han likte hagearbeid, gruet han seg til å beskjære rosene.
13. Hvis du bare vil høre etter, så kan du lære dette i en fart.
14. Såfremt været holder seg, skal vi dra på seiltur i morgen.
15. Det er best å være forberedt i fall det skulle skje en ulykke.
16. I tilfelle du skulle få lyst, må du gjerne komme på besøk.

17. De la en presenning over sandkassa for at kattene ikke skulle tisse i sanden.
18. Det regnet slik at de ble klissvåte i løpet av sekunder.
19. De hylte sånn at naboene kom løpende.
20. Det gikk slik som det måtte gå.
21. Er det sant at vi skal reise til Stavanger?
22. Jo mer elevene unnskyldte seg, desto surere ble læreren.
23. Alfred spurte om han kunne få sitte ved siden av Solveig på avslutningsfesten.
24. Han gjorde som om ingenting hadde hendt.
25. Da Else fikk brevet, ble hun varm av glede.
26. Petter kommer nok for sent slik som han alltid gjør.
27. Når våren kommer, blir dagene lysere.
28. Som man roper i skogen, får man svar.
29. Mens hun skrev på brevet, tenkte hun på avtalen som hun hadde gjort.
30. Han ville delta aktivt på kurset sånn at han lærte å skrive bedre norsk.
31. Siden du ikke har lyst, avlyser vi turen.
32. Jeg sa det så tydelig for at alle skulle forstå hva jeg mente.
33. Etter at alle hadde satt seg til bords, ønsket verten velkommen.
34. I tilfelle du skulle ha glemt boka, kan du få låne et eksemplar av meg.
35. Før vi spiser, må vi dekke bordet.
36. Hvis alle hadde tenkt som oss, ville verden vært bedre.
37. Fordi Oskar hadde glemt pengene sine, måtte han gå hjem igjen.
38. Til tross for at alle gjorde sitt beste, ble festen en fiasko.
39. Ettersom Marianne var sekretær, skrev hun møtereferatet.
40. Selv om våren var kommet, lå snøen dyp i skogen.
41. Siden Lars ikke kunne komme, var vi bare tre til sammen.
42. Av og til virker det som om disse øvelsene aldri skal ta slutt i denne boka.
43. Jo mer du øver, desto bedre blir du.

123. Oversett til norsk (§§ 183-190):

1. Wusstest du, dass Norwegen noch immer einen König hat?
2. Er fragte sie, ob sie mit ihm ins Kino gehen wolle.
3. Als der Unfall geschah, blieb Reidunn mit offenem Mund stehen.
4. Wenn ich mich gestresst fühle, versuche ich zu entspannen.
5. Während das Fußballspiel im Fernsehen übertragen wurde, war niemand auf den Straßen zu sehen.
6. Seitdem ich mit dem Norwegischkurs angefangen habe, habe ich viele neue Freunde bekommen.
7. Nachdem wir Oma und Opa besucht hatten, gingen wir im Wald spazieren.
8. Bevor Marius aus Deutschland nach Hause geflogen ist, musste er Geschenke für die Kinder kaufen.
9. Ich habe keine Zeit zu Besuch zu kommen, weil ich für meine Prüfung lernen muss.
10. Obwohl sie warme Klamotten angezogen hatten, begannen sie zu frieren.
11. Wenn ich ganz ehrlich sein soll, finde ich nicht, dass dir das Hemd gut steht.
12. Sofern es nicht schneien wird, werden wir bestimmt nach Røros fahren.
13. Damit du morgen nicht so müde sein wirst, musst du heute Abend früher ins Bett gehen.
14. Er zitterte, so dass die Zähne in seinem Mund klapperten.
15. So wie du dich benimmst, ist es kein Wunder, dass niemand dich mag.
16. Sie tanzten, als ob sie nie etwas anderes getan hätten.
17. Je mehr er las, desto erstaunter wurde er.

Kapittel 10 Setningsledd (§§ 191-220)

124. Oversett til tysk (§ 194):
1. De skal flytte til Florø til neste år.
2. Hans bør tenke mer på konsekvensene neste gang.
3. Hvem vil gjøre oppgave nummer tre?
4. Om høsten kan vi plukke tyttebær.
5. Ekstremsport har alltid provosert henne.
6. Nevøen min har vært på sykehus i fire uker nå.
7. Vi burde ha flere røkvarslere på hytta.
8. Petter hadde sovnet tidlig den lørdagskvelden.
9. De måtte drikke resten av ølet i en fart.
10. Kunne du utrykke deg litt tydeligere?
11. Elevene skulle lage en felles plan for prosjektarbeidet.
12. Du kan ikke rømme fra ansvaret ditt.
13. Han vil aldri kunne forstå henne.
14. Har alle spurt foreldrene sine om lov?
15. Hun skulle vekke dem klokka halv sju.
16. Pengene skal ha blitt overført til feil konto.
17. Kunne disse problemene ha blitt løst på en annen måte?
18. De hadde sikkert forsøkt hundre ganger.
19. Tante Karen vil ikke desto mindre gjøre et siste forsøk.
20. Dere har sikkert forstått det meste nå.

125. Oversett til norsk (§ 194):
1. Du solltest wohl alle diese Aufgaben machen.
2. Viele müssen heutzutage abnehmen.
3. Ein solches Benehmen kann ich mir nicht vorstellen.
4. Else Britt will bestimmt nicht mit uns Silvester feiern.
5. Sollen wir es vielleicht noch einmal versuchen?
6. Hat Ella bei Jorunn übernachtet?
7. Ist sein Computer kaputt gegangen?
8. An dem Tag hatten alle in der Familie vor dem Fernseher gesessen.

9. Wir haben tatsächlich an dasselbe wie unsere Freunde gedacht.
10. Wer will jetzt den Tisch abräumen?
11. Deine Eltern haben mir viel über deine Kindheit erzählt.
12. Tone Marie soll ziemlich streng erzogen worden sein.
13. Am Sonntag sollen einige Wanderer von einem wütenden Elch angegriffen worden sein.
14. Der Einbruch hätte längst entdeckt werden müssen.
15. Er hätte rechtzeitig gewarnt werden müssen.

126. Oversett til tysk (§ 195):
 1. Ettersom de skulle flytte, måtte de selge leiligheten sin i Oslo.
 2. Han mente at de burde tenke mer på konsekvensene neste gang.
 3. Den som gjør oppgave tre helt riktig, skal få en liten belønning.
 4. Siden vi kan plukke tyttebær i Trysil, drar vi ofte dit om høsten.
 5. Hvis hun blir provosert av ekstremsport, skjønner jeg ikke hvorfor hun vil forsøke strikkhopp.
 6. Mens nevøen min har vært på sykehus, har kona hans pusset opp kjøkkenet deres.
 7. Dersom vi får flere røkvarslere på hytta, vil forsikringspremien bli lavere.
 8. Fordi Petter hadde sovnet tidlig, var han usedvanlig opplagt om morgenen.
 9. Til tross for at de drakk ølet i en fart, kom de for sent til forestillingen.
10. Jeg skulle ønske at du kunne utrykke deg litt tydeligere.
11. Hvis elevene hadde laget en felles plan for prosjektarbeidet, ville resultatet ha blitt bedre.
12. Når du så allikevel ikke kan rømme fra ansvaret ditt, burde du heller straks innse alvoret i situasjonen.
13. Han innser at han aldri vil kunne forstå henne.

14. Det er best hvis alle spør foreldrene sine om lov.
15. Hun hadde lovet at hun skulle vekke dem klokka halv sju.
16. Da pengene skal ha blitt overført til feil konto, har jeg ikke fått betalingen.
17. Vi spør oss om disse problemene kunne ha blitt løst på en annen måte.
18. Etter at de hadde forsøkt hundre ganger, gav de opp.
19. Min far forteller at tante Karen ikke desto mindre vil gjøre et siste forsøk.
20. Han påstod at han på grunn av pengemangel ikke hadde kunnet bygge ferdig det nye huset sitt.
21. Fordi dere vel har forstått det meste nå, er det på høy tid å gå over til neste oppgave.

127. Oversett til norsk (§ 195):
1. Wir finden wohl, dass du alle diese Aufgaben machen solltest.
2. Weil viele heutzutage abnehmen müssen, ist vegetarisches Essen beliebt geworden.
3. Weil ich mir ein solches Benehmen nicht vorstellen kann, kann ich dir keinen Rat geben.
4. Wenn Else Britt zusammen mit uns Silvester feiern will, kann sie im Gästezimmer übernachten.
5. Nachdem sie es noch einmal versucht hatten, wurde das Ergebnis viel besser.
6. Wenn Ella bei Jorunn übernachtet, nimmt sie ihr eigenes Bettzeug mit.
7. Weil sein Computer kaputt gegangen war, hatte er nichts zu tun.
8. Weil an dem Tag alle in der Familie vor dem Fernseher gesessen hatten, hatte niemand den Einbrecher gehört.
9. Es ist komisch, dass wir tatsächlich an dasselbe wie unsere Freunde gedacht haben.
10. Ich frage mich, wer jetzt den Tisch abräumen will.

11. Weil deine Eltern mir viel über deine Kindheit erzählt haben, verstehe ich deine Probleme besser.
12. Es wird behauptet, dass Tone Marie ziemlich streng erzogen worden sein soll.
13. Dass einige Wanderer am Sonntag von einem wütenden Elch angegriffen worden sein sollen, scheint nicht ganz unwahrscheinlich zu sein.
14. Die Versicherungsgesellschaft meinte, dass der Einbruch vor langem hätte entdeckt werden müssen.
15. Wenn du sie damals nach Norwegen hättest fahren lassen, wäre vieles anders gewesen.
16. Es besteht kein Zweifel, dass er rechtzeitig hätte gewarnt werden müssen.

128. Skriv om med *det* som foreløpig subjekt (§ 201):
Eksempel: Å danse er vanskelig. → Det er vanskelig å danse.

1. Å lage gode oppgaver til en øvelsesgrammatikk kan være ganske vanskelig.
2. At han mistet toget den morgenen, er et faktum.
3. Å forebygge sykdommer er viktig.
4. Å skjære seg i fingeren gjør vondt.
5. At norske barn leser stadig mindre, er trist.
6. Å gå over bekken etter vann er dumt.
7. Hvem som skal bli utenriksminister i den nye regjeringen, er ennå ikke kjent.
8. Å ta av seg skoene når man kommer inn, er vanlig i Norge.
9. At han var blakk, var et ubestridelig faktum.
10. Å ro over sundet tok bare ti minutter.
11. Å gjespe mens andre ser på er uhøflig.
12. At hun måtte slutte å danse, er synd.
13. Hvilke fotballandslag som får delta i verdensmesterskapet, er ennå ikke helt avgjort.
14. Å gå på rødt lys, er ikke særlig klokt.
15. At vi få en ny regjering til høsten, er temmelig sikkert.

129. Oversett til norsk, og lag setninger med *det* som foreløpig subjekt (§ 201):

Eksempel: Tanzen ist schwierig. → Det er vanskelig å danse.

1. Von Oslo nach Moss zu fahren, dauert ca. eine Stunde.
2. Alte Freunde zu treffen, kann ein Erlebnis sein.
3. Musik aus dem Netz herunterzuladen, kann strafbar sein.
4. In Restaurants in Norwegen zu rauchen, ist nicht erlaubt.
5. Zu lange in einer Position zu sitzen, kann schädlich für den Rücken sein.
6. Dass May Britt niemals Ski gelaufen ist, ist unglaublich.
7. Dass der Nationalmannschaftskapitän nicht in Form war, war indiskutabel.
8. Dass die Rechnungen pünktlich bezahlt werden müssen, war für ihn eine Ehrensache.
9. Dass er schließlich sein Zimmer aufgeräumt hat, war fast ein Wunder.
10. Dass das Missverständnis im Laufe des Gespräches aufgeklärt wurde, machte sie sehr glücklich.

130. Skriv om (§ 202):

Eksempel: Noen barn løp skrikende over gata. → Det løp noen barn skrikende over gata.

1. Ei måke satt urørlig på taket til båthuset.
2. Et par solbriller lå henslengt i sofaen.
3. Femten råtne epler lå på hylla.
4. En tysk turist kom inn i butikken.
5. En urolig stemning bredte seg langsomt i forsamlingslokalet.
6. Et par hvite skyer drev dovent forbi.
7. En hare sprang plutselig ut i veibanen foran bilen.
8. Et nytt forslag ble plutselig lagt på bordet.
9. Ei eldre dame stod utenfor døra.
10. En ny oppgave ble laget i siste liten.

131. Oversett til norsk. Bruk foreløpig subjekt der det er mulig (§ 202):

1. Ein Kellner kam auf uns zu.
2. Auf dem Tisch stand die neue Vase.
3. In dem kleinen Wald saß ein frisch verliebtes Paar.
4. Einige Boote lagen am Kai.
5. Am Bahnhof stand der Blumenverkäufer an seinem üblichen Platz.
6. Es hat gerade dein Zahnarzt angerufen.
7. Neben dem Buch lag ein funkelnagelneuer Füller.
8. Draußen auf der Straße fuhr gerade ein Auto vorbei.
9. Es spielten die Berliner Philharmoniker, aber trotzdem kamen weniger als hundert Zuhörer.
10. Im Buch stand ein Beispiel, das ich nie vergessen werde.

132. Skriv om. Setningsleddet som skal utbrytes, er understreket (§ 203):

Eksempel: <u>Skapet</u> var nytt. → Det var skapet som var nytt.

1. <u>Forfatteren Anne Holt</u> skrev den prisbelønte kriminalromanen.
2. <u>Kjell Magne Bondevik</u> var statsminister i Norge ved århundreskiftet.
3. Jon studerte <u>i Paris</u> i 1987.
4. Vi har pusset opp <u>stua</u>.
5. <u>Foran Nationaltheateret</u> står det en statue av dramatikeren Henrik Ibsen.
6. Han har fått jobb <u>på et gartneri</u>.
7. Dagny skal bli <u>lege</u>.
8. Han fortalte <u>Grete</u> hemmeligheten.
9. Truls kjøpte <u>den nye bilen sin</u> i Frederikstad.
10. Matematikklæreren leste opp <u>eksamensresultatene</u>.
11. <u>Hvem</u> er den peneste?
12. Er <u>du eller Karl</u> eldst?
13. Er <u>du</u> i slekt med Hamsun?

133. Oversett til tysk (§ 203):
1. Hvordan er det vi skal løse disse oppgavene?
2. Det var mamma jeg gav blomstene til.
3. Det var bestefar jeg gav nøklene til.
4. Det ble selvsagt jeg som satt igjen med regningen for restaurantbesøket.
5. Hva er det vi skal gjøre i helga?
6. Det var postbudet som ble bitt av hunden til de nye naboene våre.
7. Det var fuglesangen som holdt henne våken.
8. Hva er det vi skal ha til middag?
9. Hvem er det som kommer på besøk?
10. Det er norsk vi lærer.

134. Oversett til norsk (§ 205):
1. Rolf reichte seiner Frau die Autoschlüssel.
   Rolf reichte sie ihr.
2. Die Eltern verboten Lise per Interrail zu reisen.
   Verboten die Eltern es Lise?
   Verboten die Eltern es ihr?
3. Die Konkurrenten gönnten ihm den Sieg.
   Sie gönnten ihn ihm.
4. Ich erzählte den Kindern die Wahrheit.
   Erzähltest du sie den Kindern?
   Ja, ich erzählte sie ihnen.

135. Oversett til tysk (§ 208):
1. Jeg fortalte vitsen til vennene mine på lørdag.
2. Randi har skjenket alle klærne som hun arvet, til Frelsesarmeen.
3. Den fortvilte læreren skrek til elevene sine at de måtte holde munn.
4. Hun hvisket beskjeden til meg i forbifarten.
5. Postordrefirmaet sendte den elektriske gitaren som jeg hadde bestilt, i posten til meg.

136. Oversett til norsk. Bruk preposisjonsuttrykk i steden for indirekte objekt der det er mulig (§§ 207-209):

1. Per und Lise haben ihren Freunden die Weihnachts-geschenke mitgebracht.
2. Mein Chef hat mir verraten, dass ich bald interessantere Aufgaben bekommen würde.
3. Wie oft muss ich dich fragen?
4. Hast du ihr immer noch nicht die Wahrheit erzählt?
5. Zuerst warf er ihnen einen wütenden Blick zu, und dann drohte er ihnen Prügel an.
6. Der Vater schrie den Kinder zu, dass er ihnen einen Denkzettel verpassen müsste.
7. Das Reichstheater führte dem begeisterten Publikum ein Schauspiel von Edvard Hoem vor.
8. Willst du wirklich deinem Sohn verbieten, Eishockey zu spielen?
9. Könntest du mir sein Aussehen beschreiben?
10. Beim nächsten Mal werde ich dir ein besseres Übungsbuch kaufen.

137. Oversett til tysk (§ 218):

1. Jeg har knapt hørt et dårligere forslag.
2. Den eldste sønnen vår skal antageligvis studere i Skottland til våren.
3. Han har dessverre skuffet henne.
4. Arnstein har sannelig overrasket positivt til eksamen, og derfor får han gode karakterer.
5. Jeg kjenner ikke onkelen din.
6. Hun hadde heller ikke gjort denne oppgaven ennå.
7. Ikke gi opp!
8. Studentene fortalte at de faktisk gledet seg til eksamen.
9. Hvis du derimot arbeider hardt i noen timer til, er jeg sikker på at resultatet blir bedre.
10. Siden du antagelig har hørt historien før, skal jeg ikke fortelle den enda en gang.

138. Oversett til norsk (§ 218):

1. Nicht anfassen!
2. Wir können es nicht glauben.
3. Wir vermuten, dass wir wahrscheinlich bis Dienstag in Kirkenes bleiben.
4. Ich mag leider deinen jüngeren Bruder nicht.
5. Er sagte, dass er leider meinen jüngeren Bruder nicht leiden könne.
6. Weil wir schon eingekauft haben, können wir es am Wochenende ruhig angehen lassen.
7. Harald kann erstaunlicherweise zur Fete kommen.
8. Sie sagte, dass Harald erstaunlicherweise zur Fete kommen könne.
9. Ich habe den ganzen Tag kaum etwas gegessen.
10. Petra sagte, dass sie den ganzen Tag kaum etwas gegessen habe.

139. Oversett til tysk (§§ 219-220):

1. Rosenborg skal spille mot Bayern München i Trondheim på søndag.
2. Lena måtte vente på toget i femti minutter den tirsdagen.
3. På grunn av den sterke vinden ble ferga til Kiel innstilt sist fredag.
4. Standup-komikeren har sannsynligvis fortalt den samme vitsen hver eneste kveld på turnéen.
5. Vi skal antagelig reise på klassetur til Røros i neste uke.
6. Det er mange nordmenn som tror regjeringen må gå av etter valget til høsten.
7. Utenfor barnehagen har det stått parkert en stor lastebil i to uker nå.
8. Vi kom tilbake fra ferien først natt til lørdag.
9. Den første folkeavstemningen om Norges tilknytning til EU var på syttitallet.
10. Vi må dessverre fortsette å bo i denne falleferdige leiligheten i noen år til.

140. Oversett til norsk (§§ 219-220):

1. Trond und Bente haben vor zwei Jahren ihr Wohnzimmer renoviert.
2. Ich habe vorgestern auf dem Markt diese Trauben gekauft.
3. Hast du nicht gehört, dass Fredrik in vier Monaten vielleicht nach Haugesund umziehen wird?
4. Weil sie gerade ihre Zähne geputzt hatten, wollten sie keine Süßigkeiten haben.
5. Sie kamen an einem grauen Tag im November zu Besuch.
6. Jedes Jahr im Sommer fährt Inga nach Holmestrand.
7. Leider kamen wir erst spät am Abend in Drammen an.
8. Mitten in der Nacht erwachte ich mit fürchterlichen Kopfschmerzen.
9. Bald kann man rund um die Uhr in den Geschäften in Norwegen einkaufen.
10. Jetzt ist es höchste Zeit eine Pause zu machen.

Kapittel 11 Setningstyper (§§ 221-230)

141. Oversett til tysk (§§ 221-226):
1. Snart må vi kjøpe en ny oppvaskmaskin.
2. I morgen skal Finn besøke Anna i Bergen.
3. Har du lest noen gode bøker i det siste?
4. Synes du jeg burde klippe håret?
5. Foretrekker du rødvin eller øl til torsk?
6. Hvem har sett brillene mine?
7. Hvilken kandidat tror du vinner presidentvalget?
8. Hva har du lyst til å gjøre i dag?
9. Når begynner skolen etter ferien?
10. Hvor ofte må jeg fortelle deg dette?
11. Hva slags type er Camillas nye venn?
12. Hvorfor kan jeg ikke gjøre noe mer fornuftig enn dette?
13. Tenk på et tall!
14. Slutt med en gang!
15. Hadde jeg bare hatt litt bedre tid!
16. I dag morges hadde Karoline ulykkeligvis glemt å slå av strykejernet.
17. Snart blir det slutt på all passkontroll mellom de europeiske landene.
18. I de norske hovedsetningene står normalt ikke de ubøyde verbene til slutt.

142. Oversett til norsk (§§ 221-226):
1. Den ganzen Herbst ist Merle jeden Mittwoch morgen in der Musikschule gewesen.
2. Auf dem Boden im Flur lag ein Brief von der Polizei.
3. Habt ihr schon ein Ferienhaus für den Sommer gemietet?
4. Könntest du die Frage wiederholen?
5. Wer will zuerst ins Bad gehen?
6. Welche Marmelade sollen wir kaufen?
7. Bevorzugst du Erdbeeren oder Himbeeren?

8. Was sollen wir in den Osterferien unternehmen?
9. Wann kommt Markus aus der Schule nach Hause?
10. Wie oft warst du in der letzten Zeit bei deinen Eltern zu Besuch?
11. Warum muss immer ich spülen?
12. Welchen Tee magst du am liebsten?
13. Rühr nicht meinen Computer an!
14. Wirf nicht Papier auf den Boden!
15. Abends gehen wir ins Bett.
16. Zu Beginn des Vortrags war er sehr nervös und unsicher.
17. Hätte ich nur nicht dieses Buch gekauft!

143. Oversett til tysk (§§ 228-229):
1. Det er slett ikke rart at jeg ikke er i form i dag.
2. Vet du om du kommer til å fortsette på norskkurset?
3. Det er tvilsomt om det blir noen sommerfest i år.
4. Jeg lurer på hva jeg skal kjøpe hos slakteren.
5. Petter spurte om jeg hadde fått noen nye pc-spill.
6. Vi tror vi kommer til å like oss i Mandal.
7. Der borte på benken sitter det gamle ekteparet som jeg måtte hjelpe over gata.
8. Byen vi bor i, er akkurat passe stor.
9. Huset som hadde en vidunderlig hage, var dessverre for dyrt for oss.
10. Liv, som stadig klaget over trøtthet og hodepine, er blitt mye bedre nå.
11. Der ute står han jeg fortalte deg om.
12. Den som går sist ut av huset, må lukke døra.
13. Den som ikke vil betale, får heller ikke være med på festen.
14. Flyktningene måtte forlate landet, noe som mange synes var svært trist.
15. Mannen jeg kjøpte den nye bilen av, virket pålitelig.
16. Det er dumt at du ikke har sluttet å røyke.
17. Det gamle taket som lampa hang i, var malt i en ubestemmelig gråfarge.

144. Oversett til norsk (§§ 228-229):

1. Dass die Musik der achtziger Jahre immer noch beliebt ist, ist mir ein Rätsel.
2. Sie sah, dass ein Haufen kreischender Möwen ganz an der Kante des Bootssteges saß.
3. Die große Frage ist, ob wir nicht eine Garage bauen müssten.
4. Ob wir irgendwann fertig werden, ist eine offene Frage.
5. Ich würde gerne wissen, woran du denkst.
6. Es ist bekannt, dass es in Bergen viel regnet.
7. Gestern traf ich einen alten Freund, der mich kaum wieder erkannte.
8. Die Aufgaben, an denen du arbeitest, sind ziemlich schwer.
9. Diejenigen, die die Aufgaben in diesem Buch lösen, werden hoffentlich viel Norwegisch lernen.
10. Wer sich nicht an die Spielregeln hält, darf nicht mitmachen.
11. Das Glas, aus dem du trinkst, habe ich in Flekkefjord gekauft.
12. In dem kleinen Ort, in dem Linda geboren ist, wohnten insgesamt nur siebzig Menschen.
13. Viele Werke norwegischer Autoren, die im 20. Jahrhundert übersetzt wurden, kann man heute nur in Antiquariaten kaufen.
14. Du, der du so klein bist, darfst nicht mitmachen.
15. Der Schreibtisch, der im Arbeitszimmer stand, war aus Erle.
16. Wer Glück hat, kann eine Reise gewinnen.
17. Das ist eine Entscheidung, die du bereuen wirst.
18. Wie heißt die hübsche Frau, mit der Onkel Theodor auf dem Fest so heftig getanzt hat?
19. Wir haben eben eine Gartenmöbelgruppe gekauft, deren Preis stark herabgesetzt war.
20. Ich, die ich seit 20 Jahren in Schweden lebe, spreche fast akzentfreies Schwedisch.
21. Dies ist etwas, das mich kaum interessiert.

145. Oversett til tysk (§ 230):

1. Fordi flyet var forsinket, kom vi først sent om kvelden til Ålesund.
2. Siden været ikke er blitt bedre, må vi utsette skituren til i morgen.
3. Da du ennå ikke har gjort leksene, får du ikke bli med på kino.
4. Vi skrek så alle naboene våre forskrekket kikket ut av vinduene.
5. Hun flyttet stolen til side slik at han lettere kunne komme forbi.
6. Du gjør disse oppgavene for at du skal lære norsk.
7. Bestemor bakte en ekstra porsjon kaker så alle skulle få smake.
8. Hvis du tenker etter, vet du at jeg har rett.
9. Kan du tenke deg å flytte til Norge dersom du får en jobb der?
10. Såfremt vi ikke mister bussen, vil vi komme tidsnok.
11. Enda den gamle bilen er full av rust, går motoren som ei klokke.
12. Til tross for at jeg for en gangs skyld har tatt feil, er det ingen grunn til å le.
13. Selv om det snør, skal vi gå på ski i dag.
14. Når vi oversetter fra et språk til et annet, kan vi ikke alltid oversette direkte.
15. Da han begynte på norskkurset, kunne han ikke et eneste ord norsk.
16. På torsdag måtte vi vente til vinden hadde løyet, før vi kunne ro over sundet.
17. Mens Anna var på badet, dekket Asle bordet.
18. Jeg skulle ønske jeg hadde vært så rask som jeg var i gamle dager.
19. De nye naboene er faktisk mye hyggeligere enn vi hadde fryktet.
20. De oppførte seg som om de totalt manglet folkeskikk.

146. Oversett til norsk (§ 230):
1. Weil der Lehrer krank war, durften die Schüler nach Hause gehen.
2. Da wir müde sind, ist es am besten, dass wir jetzt Schluss machen.
3. Wenn du zu Besuch kommen könntest, würde ich mich riesig freuen.
4. Obwohl er mehrmals in Norwegen gewesen war, hat er immer noch Probleme mit der Sprache.
5. Svens Eltern haben ihm Geld geschickt, damit er sich ein neues Fahrrad kaufen kann.
6. Auf der Straße war viel Verkehr, so dass es unmöglich war zu schlafen.
7. Ich bin viel tüchtiger, als du denkst.
8. Der Ring war nicht so wertvoll, wie sie gehofft hatte.
9. Sie sprach Norwegisch, als ob sie lange in Norwegen gelebt hätte.
10. Je älter er wird, desto geiziger wird er.
11. Als wir heute in der Stadt waren, haben wir zum ersten Mal den neuen Volvo gesehen.
12. Wenn morgens der Wecker klingelt, sind wir immer totmüde.
13. Während ich in Norwegen war, habe ich fast nur Fisch zu Mittag gegessen.
14. Seitdem du im Frühjahr zu Besuch warst, haben wir unser Haus renoviert.
15. Ehe die Pfingstferien anfangen, müssen wir eine Entscheidung getroffen haben.
16. Als die Hunde gelaufen kamen, hat das Kind Angst bekommen.
17. Ich frage mich, ob du es nicht noch einmal versuchen solltest.
18. Dass etwas schief gelaufen war, war nicht schwer zu verstehen.
19. Obwohl es spät geworden ist, sollten wir nicht aufgeben.
20. Ich glaube, dass dies die letzte Aufgabe des Buches ist.

Kapittel 1 Substantiv

1. 1. ei/en[1] jente, en gutt 2. en bror, ei søster 3. et esel, en elefant, ei løve 4. en interesse 5. en følelse 6. et helt kvartal 7. et nytt diskotek 8. en stor overraskelse 9. en forkjærlighet 10. et søndagsåpent bakeri 11. en blendende teknikk 12. en kvinnelig lege 13. en oppfatning 14. en vanskelig barndom 15. et stort problem 16. en storslått natur 17. en stasjon 18. et spennende program 19. et demokrati 20. En overdreven nasjonalisme 21. en rødglødende sosialist 22. ei hemningsløs dansing og synging 23. en fjern slektning 24. et motiv 25. en god pensjon 26. en typisk ungdomsfestival 27. et godt bibliotek 28. en litt forskjellig virkelighetsforståelse 29. en helt ny bunad 30. en delikatesse 31. en sterk søknad

2. 1. prestens tale 2. angstens vesen 3. Studentenes arbeid 4. høstens moter 5. sakens natur 6. forslagets intensjon 7. Tidsskriftets redaktør 8. fotballspillernes inntekter 9. Kommunestyrets vedtak 10. Årets valgkamp 11. Bokas innhold

3. 1. Forsvarsministerens bemerkninger vakte stor forbauselse hos mange. 2. Norske skoler er opptatt av elevenes trivsel. 3. Vi bør ikke undervurdere de økonomiske rammefaktorenes betydning. 4. Grensene mellom de voksnes og barnas verden er blitt flytende i de nordiske landene. 5. Over en tredel av alle passasjerene var barn. 6. Den dagen var Eva i uvanlig dårlig humør. 7. Den gamle læreren var av den faste overbevisning at oversettelsesøvelsene var nyttige. 8. Etter min mening kan det diskuteres, men det er ikke bryet verd. 9. Skal vi reise en tur til fjells i ferien? 10. Under krigen bodde de langt utenfor byen. 11. Det er en fire mils vei, så turen vil nok ta en halv times tid. 12. Da sees vi om ei ukes tid.

---

[1] In der unbestimmten Form Femininum kann man zwischen *ei* und *en* wählen. In diesem Kapitel wird oft *ei* verwendet, um das Genus zu betonen.

4. 1. Formaningene til læreren 2. Det første kapitlet i boka 3. sønnen til bakeren 4. brillene til Hege 5. Forslaget til regjeringen 6. de mest erfarne journalistene i avisen 7. Statsbudsjettet i år 8. Beliggenheten til landet 9. Innbyggerne i København 10. Bilen til Kjell 11. Hunden til bestemor 12. De dyreste restaurantene i byen 13. Taket på huset 14. Fargen på kjolen 15. Innholdet i boka 16. Oppholdstillatelsen til Hassan 17. Mannen til Stine 18. Hovedstaden på Island 19. toppen av fjellet 20. Sjefen i firmaet 21. halen på katten 22. Barna til Anne 23. Fasaden på huset

5. 1. båter 2. døra^2 3. glassene 4. trafikkreglene 5. eventyr 6. syklene 7. skuldra 8. unntak 9. vafler 10. natta 11. forholdet 12. sommeren 13. hender 14. brødrene 15. vintrene 16. boka 17. besøket 18. fingeren 19. ender 20. kaffefiltrene 21. bøndene 22. strendene 23. eksemplene 24. føtter 25. Gulrøtter, tennene 26. eplene 27. hendene 28. kreftene 29. kneet/knærne 30. Bakerne 31. tærne, klør 32. forklærne 33. nordmenn, tyskere 34. benker 35. trær 36. lærere 37. frukter 38. håndklær 39. feil 40. snorene 41. barna 42. ting 43. skiene 44. beina 45. sko 46. mus, lus 47. øre 48. mødre, døtrene 49. maur 50. sild 51. laks, torsk 52. Søstera 53. Spørsmålet 54. søsken 55. grønnsaker, frukt

6. 1. a) båt b) Båten c) båten d) Båten e) båtene f) båtene, båten 2. a) lærer b) læreren c) lærere d) lærere e) Læreren f) Lærerne 3. a) døra b) dører c) dør d) døra e) døra f) døra/dørene g) døra 4. a) barn b) barn c) barn d) barnet e) barn f) barn g) barna 5. a) boka b) Boka/bøkene c) boka d) boka e) bok f) bøker g) bøkene h) boka i) bøkene 6. a) Glasset b) glass c) glass d) glass, glass e) glassene 7. a) øya b) øya c) øy d) øyer 8. a) ting b) ting c) tingenes d) ting e)

---

^{2} In der bestimmten Form Femininum kann man zwischen der Endung –*a* und -*en* wählen. In diesem Buch wird oft -*a* verwendet, um das Genus zu betonen.

tingen 9. a) hus b) huset c) Huset d) hus e) hus f) husene 10. a) uka b) uker c) uke d) uka e) uka 11. a) dager b) dag c) dager d) dagen e) dager f) dagene g) dag 12. a) trær b) trær c) treet d) tre e) trær f) treet 13. a) ordet b) ord c) ord d) ord e) ord f) ord 14. a) epler b) Eplet c) Epler 15. a) tennene b) tann c) tenner d) tanna 16. a) klokka b) klokka c) klokke d) klokka e) Klokka f) klokkene 17. a) aviser b) avis c) aviser d) avisen

7. 1. Det er kommet flere nye trafikkregler i år. 2. Kjøper du tre bøker, betaler du bare førti kroner pr bok. 3. Kan du låne meg penger? 4. Dessverre er det mange lærere som er kjedelige. 5. Har du pusset tennene? 6. Det er ikke gull alt som glimrer. 7. Det blir stadig færre bønder i Norge. 8. Kan du fortelle meg et spennende eventyr? 9. Nå har flere vintre vært nesten snøfrie ved kysten i Sør-Norge. 10. Vi burde bruke syklene våre mer. 11. Foreldrene mine er skilt. 12. Det er utrolig mye mygg på Finnmarksvidda om sommeren. 13. Du må vaske hendene før du setter deg til bords. 14. De siste somrene har vi leid ei hytte på Skåtøy. 15. Jeg har to søsken til. 16. Dette skjedde ikke den første natta, men tre netter senere. 17. I nesten alle språk fins det unntak fra de grammatiske hovedreglene. 18. Frukt og grønnsaker er sundt. 19. Brødrene mine har akkurat kommet hjem fra Amerika. 20. Har du hilst på søstera mi? 21. Har du sett brillene mine? 22. Klørne på hummerne må bindes med ståltråd når de blir fanget slik at de ikke skal skade hverandre. 23. Trærne i parken ble plantet i begynnelsen av forrige århundre. 24. Til kaka trenger man 500 gram mel og 125 gram sukker. 25. På grunn av den økende velstanden kjøper mange nordmenn stadig dyrere biler og båter. 26. Det er mange ting vi må gjøre før ferien. 27. Du burde vaske føttene dine litt oftere. 28. I de siste ukene har det regnet nesten uten stans. 29. På stranda lå (det) en haug med gammelt søppel. 30. Tar Jostein med seg vannskiene sine? 31. Jeg har kjøpt epler og pærer, men trenger vi poteter og gulrøtter også? 32. Fordi Marit er allergisk mot nikkel, kjøper hun bare smykker i sølv og gull. 33. Om vinteren er det viktig å ikke bli våt på beina. 34. Barna til vennene våre får lov til nesten alt. 35. Svigerinna mi har mer sko enn hun egentlig trenger. 36. Klær skaper folk. 37. Fetter Anton tråkker ofte folk på tærne uten å ville det. 38. Selv om han hadde drukket åtte glass øl, følte han seg helt edru. 39. Har barna dine alt hatt meslinger? 40. Verkstedet fant dessverre enda flere feil på bilen min. 41. Kanskje du skulle ta en pause nå.

8. 1. Emma mag meine Brüder gern. 2. Es war keine große Überraschung, dass die Harry-Potter-Bücher auch im vergangenen Jahr in Norwegen Bestseller waren. 3. Norweger und Deutsche reisen im Winter oft in wärmere Gegenden. 4. Es spielten eine Menge Kinder zwischen den Mülleimern im Hinterhof. 5. Ich esse weder Dorsch noch Hering, aber ich mag ganz gerne Makrelen. 6. Tante Lise hat eine Vorliebe neue Schuhe zu kaufen. 7. Sunniva findet, dass sie genug Kinder hat, aber Anders möchte gerne mehr. 8. Es ist nicht leicht davon zu leben, Künstler zu sein. 9. Im Nachhinein können wir einsehen, dass die Kritik berechtigt war. 10. Töchter sind gewöhnlich häufiger zu Besuch bei ihren Eltern als Söhne. 11. Es ist nicht ungewöhnlich, dass Geschwister sich streiten. Das gilt sowohl für Brüder als auch für Schwestern. 12. Du musst dir die lange Hose anziehen, denn es ist kalt draußen. 13. Welche Musik magst du? 14. Herzlichen Glückwunsch zum Geburtstag! 15. Viel Glück mit den nächsten Aufgaben!

9. 1. Liker du de nye brillene mine? 2. Det var en stor overraskelse at Lise hadde sydd en helt ny bunad til 17. mai. 3. Vidar har fem søsken, tre brødre og to søstre(r). 4. Mange kunstnere skal ha hatt en vanskelig barndom. 5. Har du lest alle Harry Potter-bøkene? 6. De var foreldre til fire barn, to døtre og to sønner. 7. Det er en vanlig oppfatning at årets valgkamp i Norge var kjedelig. 8. Den gamle lærerens forkjærlighet for oversettelsesøvelser var et problem for mange elever. 9. Det var ikke lett å finne et godt motiv for mordet. 10. Han forstod ikke helt hvorfor forslaget ble så heftig kritisert. 11. Over en femdel av bøndene sover dårlig om natta. 12. På bordet lå (det) epler og gulrøtter. 13. På hyttegulvet stod (det) et par flunkende nye sko. 14. Han hadde fått både torsk og sild på fisketuren. 15. Hva heter søstera di? 16. I ettertid kan jeg lettere se mine egne feil. 17. Nordmenn og tyskere har mye til felles. 18. Leken var først og fremst beregnet for yngre barn. 19. I bakgården lå (det) flere gamle sykler. 20. Dette er den siste oppgaven i dette kapitlet.

Kapittel 2   Artikler

10. 1. en butikk, et stykke ost, en liter melk, et brød, ei/en[3] flaske øl 2. en stund 3. ei bukse, ei jakke 4. en tur 5. en ny jobb 6. ei uke 7. ei bok 8. et eple 9. en kjent, norsk maler 10. en fin høst 11. en ny bil 12. ei flaske vin 13. et barn 14. et bilde 15. en løsning 16. et godt ord 17. et lite hus med en stor hage 18. et brev fra ei venninne 19. en forutsetning, en oppgave 20. en trang dal 21. et bord, en blomstervase 22. en hund 23. et merkelig navn 24. en fugl 25. et sted 26. en torn 27. et punkt 28. ei hard nøtt 29. et underlig besøk 30. et dyr 31. et godt menneske 32. et rop 33. en benk 34. ei lita mus 35. en relativt ukjent frukt 36. et vakkert ansikt 37. en stor by 38. ei ny skjorte 39. en vegg 40. en alvorlig skade 41. et flott, nytt kamera 42. en ubestemmelig smerte 43. et band 44. en nabo 45. en bar 46. en bekymring 47. en kalv 48. et brett 49. en dato 50. en flunkende ny moped 51. et stort hull 52. en detalj 53. et universitet 54. en sterk tro 55. et mønster 56. en rosa kjole 57. en svært ung nasjon 58. et hjerte 59. et teppe 60. en artikkel eller et tallord 61. et viktig spørsmål 62. en avtale 63. en kort pause

---

[3] In der unbestimmten Form Femininum kann man zwischen *ei* und *en* wählen. In diesem Buch wird oft *ei* verwendet, um das Genus zu betonen.

11. 1. Legen 2. uka 3. Omslaget, boka 4. sola 5. brødrene 6. Ungene, stua 7. studentene, norskkurset, øvingsboka 8. Hovedstaden 9. nasjonen 10. Gjestene, maten 11. Kjolen 12. blyanten 13. mønsteret/mønstret 14. pausen 15. troen 16. dagen, avisa, prisen 17. Vaskemaskinen, bokollektivet 18. universitetet 19. Spørsmålet 20. Detaljene 21. nordmennene, tyskerne, stedet, oppførselen, hotellpersonalet 22. forestillingen, operaen 23. hullene 24. mopeden 25. Kameraet 26. avholdsbevegelsen 27. datoene 28. Snøbrettene 29. artiklene 30. Bekymringen 31. natta, barnet, jordmora 32. Baren 33. Teppet 34. Naboene 35. Brevet, kommunen, morgenen, postbudet 36. Vinden, dagen 37. Smertene 38. hjertet 39. Skadene, stormen 40. livet, evnen, tilværelsen 41. pusten, senga 42. veggen 43. skjorta 44. byen, landet 45. ansiktet 46. fruktene, arbeidet 47. Benkene 48. ropene 49. menneskene 50. Dyrene 51. besøkene 52. nøttene 53. punktene 54. Tornen 55. Stedet 56. trekkfuglene 57. navnet 58. Hundene, vegen 59. Hotellet, dalen 60. Maten, bordet

12. De beste vennene; lege, en flink lege; sønn, en lærer, yrke; hytta, fjellet, det siste halve året, (et) nytt hus; det flotteste huset; (En) ny bil, god råd; barn, oktober, en reise, sommeren; tog; mot, bil; forutsetning, (en) feriebolig

13. 1. Weißt du die Antwort? 2. Ich möchte gerne ein Zimmer mit Dusche und Toilette haben. 3. Die ausländischen Studenten saßen in der letzten Reihe. 4. Das kleine Bild dort drüben hängt schief. 5. Kannst du mir einen Apfel und eine Birne geben? 6. Hast du daran gedacht, für das Essen zu danken? 7. Arbeitest du im Büro? 8. Sie musste eine gesündere Lebensweise wählen. 9. Im Sommer machen wir oft eine Radtour. 10. Das Problem ist, einen Job zu finden. 11. Kirsten hatte ein schlechtes Gewissen. 12. Wohnst du in der ersten Etage? 13. Fährst du mit dem Auto oder mit dem Bus? 14. Es liegt jetzt viel Schnee in den Bergen. 15. Ihre Hütte liegt am Meer. 16. Kennst du einige Norweger?

17. Auf der linken Seite könnt ihr die Universität sehen. 18. Wirst du am Seminar teilnehmen? 19. Als wir aus dem Urlaub nach Hause kamen, waren wir ziemlich müde. 20. Das erste Mal, als ich sie traf, war im letzten Sommer. 21. An dem Tag kam der Wind aus Norden. 22. Nina ist Ärztin. 23. Wo bist du im Sommer gewesen? 24. Es ist sehr teuer, Bier oder Wein im Restaurant in Norwegen zu bestellen. 25. Den ganzen Tag hat sie an den Norwegischaufgaben gearbeitet. 26. Tom und ich werden zuerst zu Mittag essen und danach ins Kino gehen. 27. Steht etwas Neues in der Zeitung? 28. In der letzten Woche waren wir in der Schweiz. 29. Eva und Petter erwarten ein Kind, so dass sie nun ein Haus bauen werden. 30. Am Samstag werden wir eine Bootsfahrt auf dem Mjösasee machen.

14. 1. Ser du det fine bildet der borte? 2. Norges hovedstad/ Hovedstaden i Norge heter Oslo. 3. Vanligvis takker man for maten i Norge. 4. Hva gjorde dere siste uke? 5. Hvor har du kjøpt det flotte skjørtet? 6. Været var svært bra i sommer. 7. Publikum var begeistret. 8. Har du (et) tysk eller norsk pass? 9. Skal du reise med buss til Praha? 10. Vi er på vei til Tromsø. 11. Jeg har arbeidet hele livet på kontor. 12. Studentene har mye å gjøre. 13. Kan du låne meg boka? 14. Hun er lege. 15. Hvis sola skinner i morgen, drar vi på sykkeltur. 16. Vi må kjøpe øl og vin til festen vår. 17. Barna leker hele dagen i skogen. 18. Har du sett den nye filmen med Tom Hanks i hovedrollen? 19. Erling forsøker å finne en jobb i Kristiansand. 20. Jeg har dårlig samvittighet. 21. De bor i tredje etasje. 22. Vi skal reise med tog til Frankrike til neste år. 23. Mange eldre nordmenn oppholder seg i syden om vinteren. 24. Norge er medlem av NATO. 25. Legen anbefalte ham en sunnere livsstil. 26. Dattera mi har 40 i feber. 27. Maria kommer fra Nederland. 28. Skal vi gå på kino? 29. Vi spiser middag klokka fem. 30. Jeg har lagt de skitne buksene i vaskemaskinen. 31. Det er dyrt å spise på restaurant i Norge. 32. Har du alt lest avisa? 33. Har du vært i Sveits noen gang? 34. Lise venter barn i juli. 35. Vennene våre har akkurat bygd hus. 36. Marie skriver (et) brev. 37. Han er født i mars. 38. Fredag drar jeg til Berlin. 39. De har deltatt på et språkkurs i Oslo. 40. Universitetet i Oslo ble grunnlagt i 1811. 41. Siste gang hun så ham, kom han akkurat fra ferie. 42. Jeg har handlet epler, bananer, kirsebær og pærer. 43. Vinden kommer fra vest. 44. Ole Johan har fått meslinger. 45. Huset ligger på venstre side. 46. Vær så snill å holde munn! 47. Togturen fra Voss til Myrdal er en opplevelse. 48. Mange nordmenn eier ei hytte på fjellet eller ved sjøen. 49. 17. mai 1814 ble den norske grunnloven undertegnet. 50. Kjører du bil? 51. Hun er lærerinne. 52. Kunne du være snill å åpne vinduet? 53. Det er ennå en ledig plass på siste rad. 54. Det var sterk vind. 55. De utenlandske studentene var dessverre ikke helt integrert. 56. Gull er et edelmetall. 57. Har du armen din i gips? 58. I går var vi i havna og kjøpte ferske reker. 59. Alle rommene har dusj og toalett. 60. Kan du låne meg penger? 61. Det er et problem. 62. I morgen skal vi dra på båttur. 63. Togforbindelsen til Rostock er ikke særlig god. 64. Det var det logiske svaret.

Kapittel 3   Adjektiv

15. 1. ei gul skjorte 2. Den gule skjorta 3. Gule skjorter 4. De gule skjortene 5. Et rødt eple 6. det røde eplet 7. røde epler 8. de røde eplene 9. en veldig varm dag 10. den varme dagen 11. varme dager 12. De varme dagene, varme 13. et søtt ansikt 14. det søte ansiktet 15. et pent skjerf 16. Pene klær 17. ei stygg ulykke 18. et håpløst forslag 19. sure novemberkvelder, ei god bok 20. modne 21. et morsomt stykke 22. en mager trøst 23. godt 24. syke 25. en fin oppgave

16. 1. et helt nytt og temmelig sprøtt forsøk, en ny vri 2. et fritt land 3. blått hav 4. Den nye læreren, et pent og vennlig ansikt 5. Det smålige forslaget 6. et vanskelig, ømtålelig og kontroversielt spørsmål 7. noen tyrkiske venner, et norsk, et tyrkisk og et ensfarget rødt flagg 8. et stort økonomisk løft, det nye huset 9. et fiendlig, nærmest hatsk ansiktsuttrykk 10. noen fantastiske dager 11. et altfor dyrt, trøtt og trist feriested 12. et kort, men interessant foredrag 13. et fullstendig vilt, absurd forslag 14. et bredt, vakkert, solid rekkverk 15. Den nye, blå bilen, grå skinnseter 16. Moderne mennesker 17. Det stakkars, utslitte, sovende barnet 18. et bra tiltak 19. Sjalu ektemenn 20. De sky dyrene

17. 1. lille 2. liten 3. lille 4. lite 5. små 6. liten 7. Små, små 8. lite 9. liten 10. små 11. lita, små 12. lille

18. 1. annet 2. andre 3. annet 4. annet 5. andre 6. andre 7. annet 8. andre 9. annet 10. annen 11. andre

19. 1. eget, egen, egen 2. egen 3. egen 4. egen 5. egne 6. egne 7. egen 8. egne 9. egen 10. egen 11. eget 12. egne

20. 1. liten selvinnsikt 2. et lite barn, ei lita jente 3. en liten endring, den lille forskjellen 4. de små barna 5. små forandringer 6. Et annet eksempel 7. en annen gang 8. den andre 9. andre sko 10. en egen måte, et eget håndlag 11. ei egen hytte 12. egne 13. egne penger, eget hus, egen bil

21. 1. Kunne du kjøpe både gule og røde kirsebær? 2. Har du sett de søte hundevalpene? 3. For to uker siden fikk naboene våre en ny, blå Volvo. 4. Til jul fikk hun et nytt skjerf, to kjedelige bøker, ei umoderne, gul jakke, et idiotisk spill og en billig ball. 5. Hun hadde et vennlig smil. 6. Besteforeldrene mine hadde en lykkelig barndom. 7. De norske vennene våre har en tysk aupair. 8. Du har fått et fullstendig galt inntrykk av meg. 9. Her oppe fra har man en fantastisk utsikt. 10. Det er et økonomisk spørsmål. 11. Han holdt et kort, interessant foredrag. 12. Han hadde på seg en ny, rød skjorte. 13. Hun har blå øyne, brunt hår og mørk hud. 14. De gikk seg vill i den fremmede byen. 15. Jens og Inge har en flott og rask båt. 16. Vi har forskjellige interesser. 17. Erika går alltid med moderne klær. 18. Jeg hadde vondt av den stakkars kelneren. 19. Kona var rasende på den sjalu ektemannen. 20. Rådyr er svært sky dyr. 21. Det var en klok tanke.

22. 1. blå 2. gult 3. røde 4. høye 5. nytt/nye 6. ny/nye 7. lange 8. et blått skap, bredt

23. 1. penere 2. det grønneste treet 3. varmere 4. verdens gladeste menneske 5. flinkere, de flinkeste 6. den kaldeste natta 7. Et finere menneske 8. det tapreste menneske 9. Det enkleste 10. den morsomste vitsen

24. 1. færre tyskere 2. den lengste reiseruta 3. større, størst 4. tyngre, tyngst 5. yngre, yngst 6. bedre og bedre 7. den beste bilen, en yngre modell 8. flere 9. eldre, eldste 10. mindre tid 11. verre og verre 12. de fleste

25. 1. Die hinteren Sitze waren ziemlich verschlissen. 2. In der hintersten Reihe saß ein junges, verliebtes Paar. 3. In dem vorderen Teil des Ballsaales standen ein paar junge, unsichere Männer. 4. Ganz vorne saß der Tanzlehrer auf einem zerbrechlichen Stuhl. 5. In den inneren Gemächern liefen die Diener hin und her. 6. In die innerste Ecke hatte jemand einen roten Regenschirm gestellt. 7. Die äußere Fassade war mit einer großen, halb durchsichtigen Plane bedeckt. 8. Ganz an der Kante des Bootssteges saß ein Haufen kreischender Möwen. 9. Der obere Teil der Statue war ganz mit Taubendreck bedeckt. 10. Ganz oben auf dem Kopf hatte sie einen merkwürdigen, kleinen Strohhut, und auf ihrem Schoß lag ein zotteliges, kleines Tier. 11. Weit weg in dem unteren Teil der Straße konnte sie eine dunkle Gestalt undeutlich erkennen. 12. Ganz unten auf dem Weg hatte jemand eine Bananenschale weggeworfen. 13. Es gab drei Reihen, und wir wurden in die Mittlere gesetzt. 14. Ganz in der Mitte des Festlokales war eine Bühne aufgebaut.

26. 1. den største skurken 2. En mer komplisert sak 3. det mest interessante utkastet 4. mindre inntekt 5. mer sympatisk 6. dyreste, penest/penere 7. en av Norges mest kjente dramatikere 8. kjekkere, den kjekkeste 9. mer spennende 10. det mest omdiskuterte politiske spørsmålet 11. kaldest 12. den mest praktiske 13. Norges sørligste punkt 14. Et mer kritisert forslag 15. mest berømt 16. den eldste 17. et stillere sted 18. kjøligere 19. Norges lengste elv 20. noen vakrere fjord

27. 1. Den store gutten hadde på seg ei varm lue, et langt skjerf, en rød genser og grønne votter. 2. Ved synet av den stygge ulykka begynte det lille barnet å gråte. 3. Hjemme hos de stakkars vennene våre satt en flokk skrikende kråker i hagen. 4. I det innerste hjørnet hadde noen kastet fra seg et bananskall. 5. Den ytre fasaden på bygningen var temmelig nedslitt. 6. Øivind tror han har kjøpt den beste og fineste bilen i verden. 7. Det skulle siden vise seg at tiltaket var temmelig ømtålelig og kontroversielt. 8. En av Norges mest kjente skuespillere forsøkte seg i en ny rolle. 9. Det mest interessante, men temmelig kontroversielle forslaget var umulig å gjennomføre. 10. Mannen hadde et fiendlig, nærmest hatsk ansiktsuttrykk. 11. Ytterst på brygga satt en eldre mann på en gebrekkelig stol med en stor, rød paraply i fanget. 12. Jeg er heldigvis mye større enn deg. 13. Johannes er et av de mest konservative og gammeldagse mennesker jeg noensinne har truffet. 14. Det er tomater av beste merke. 15. Du skal lete lenge etter en kjekkere kar enn Hans! 16. Martin har bygd et bredt og solid rekkverk i trappe-oppgangen. 17. Stedet vi hadde valgt på fjellet i høstferien, viste seg å være temmelig dyrt. 18. Eva hadde liten inntekt i fjor og dessverre enda mindre i år. 19. Jeg har lyst til sitte hjemme i sofakroken med ei god bok. 20. Når novemberkveldene er sure, er det hyggelig å sitte godt og varmt hjemme.

Kapittel 4   Tallord

28. 1. fem, sju/syv, ni, tolv år 2. åtti år 3. ei bok, en avis og ett ukeblad 4. tjuesjuende/syvogtyvende august 5. første april 6. sytten roser 7. Fra attenhundreogfjorten til nittenhundreogfem 8. ett 9. fem over sju/syv 10. ti på ett 11. åttisju/åttisyv/syvogåtti kroner 12. klokka femten tretti 13. førtientusensjuhundre kroner 14. firehundreogåttifire kilometer 15. totusenogførtito kilometer 16. en meter og åttitre/treogåtti 17. trettito syttiseks nittisju null en/toogtredve seksogsytti syvognitti null en   18. femtifire/ fireogfemti 19. ett frimerke til seks kroner 20. elleve pluss ni er tjue/tyve 21. en minus en er null 22. fem ganger sju/syv er trettifem/femogtredve 23. hundre delt på tjuefem/femogtyve er fire

29. 1. seksti 2. tjuefire/fireogtyve 3. fire 4. tretusensekshundre 5. tolv 6. tre 7. ni 8. fjerde 9. syvende 10. første 11. fem 12. fire 13. Tusen 14. Tusen og en 15. tusen 16. to og to er fire 17. fire 18. en, to, tre 19. syvende

30. 1. In der letzten Woche versuchten Tausende im Lotto zu gewinnen. 2. In meiner Klasse sind siebenundzwanzig Schüler. 3. Hast du einen Fünfer? 4. Erstens sind Ferien, zweitens ist es mitten in der Nacht und drittens habe ich überhaupt keine Lust. 5. Håvard fliegt zum sechsten Mal nach Australien. 6. Glaubst du nicht, dass anderthalb Deziliter Sahne für dieses Gericht ausreichend sind? 7. Stian wurde beim Wettkampf Achter. 8. Jeden ersten Freitag im Monat spielt Leif Erik mit seinen Freunden Karten. 9. Zwei Drittel mal vier Drittel sind acht Neuntel. 10. Ein Zwölftel geteilt durch ein Halb ist ein Sechstel. 11. Die norwegischen Biathleten waren beim Staffellauf nur eine siebenhundertstel Sekunde vom Gold bei den Olympischen Spielen entfernt. 12. Wir gingen zu dritt ins Konzert. 13. Fast ein Drittel der Mädchen in der Klasse hatten die Grippe bekommen. 14. Erst beim achten Schlag schaffte er es endlich, den Golfball ins Loch zu bekommen. 15. Obwohl Gøril niemals trainierte, wurde sie Zweitbeste im Wettbewerb.

31. 1. Det var tusener tilstede på Grönemeyer-konserten. 2. Julekalenderen hadde tjuefire/fireogtyve små vinduer. 3. Kan du veksle en tier for meg? 4. Hun fikk en treer i engelsk. 5. Kontoret ligger i fjerde etasje. 6. De var for første gang i Amerika. 7. For det første er jeg mett, for det andre liker jeg ikke kjøttkaker og for det tredje må jeg slanke meg. 8. I tillegg trenger vi halvannet kilo gulrøtter. 9. Skal vi bestille ei halv flaske vin? 10. Jeg vil gjerne ha et kvart kilo kjøttdeig. 11. Hver andre/Annenhver vinter drar de til Beitostølen for å gå på ski. 12. Den første onsdagen i hver måned er det foreldremøte på skolen. 13. Først ved fjerde forsøk/forsøk nummer fire klarte han førerprøven. 14. Vi gikk åtte stykker sammen på kino.

32. 1. Gestern war der 17. Dezember. 2. Ich nehme an, dass Eva Ende fünfzig ist. 3. Ist es wahr, dass du am 23. September 1963 geboren bist? 4. Die dreißiger Jahre des 20. Jahrhunderts wurden die harten Dreißiger genannt, weil es in dieser Zeit so viele Arbeitslose gab. 5. Mit zehn ist man normalerweise noch nicht in die Pubertät gekommen. 6. Im Frühjahr wohnen sie seit drei Jahrzehnten in Nordnorwegen. 7. Espen war in allem, was er machte hervorragend. 8. Meinst du, es ist genug, wenn ich einen Fünfzigerschein als Trinkgeld gebe? 9. Ende der neunziger Jahre glaubten viele, dass nach der Jahrhundertwende die Computer nicht funktionieren würden. 10. Weit über ein Viertel der Studenten fielen bei der Grammatikprüfung durch. 11. Vielen Dank, dass du dieses Buch gekauft hast!

33. 1. I dag er det den tjuetredje/treogtyvende juni totusenogtre. 2. Jeg er født den tjueåttende/åtteogtyvende desember nitten-sekstien/nittenenogseksti. 3. Musikken fra åttitallet/åttiårene er fremdeles svært populær, mens den fra syttitallet/syttiårene ikke er så aktuell lenger. 4. Det tok årtier før det nye opplaget til leksikonet kom ut. 5. Hun hadde sin første fjernsynsopptreden allerede som femåring. 6. Sekstiåringene er mye mer bevegelige i dag enn tidligere. 7. Når de er tjue/tyve, vet mange fremdeles ikke hva de virkelig vil.

34. 1. In der Schachtel lagen genau 48 Pralinen. 2. Ich glaube, es ist das vierzehnte Mal, das wir in den Sommerferien in Norwegen Urlaub machen. 3. Sechs mal sechs ist sechsunddreißig. 4. Tausende, die vor dem Stadion ohne Eintrittskarten standen, mussten enttäuscht nach Hause gehen. 5. Jedes Jahr werden Millionen von Kronen für Werbung in der Autoindustrie ausgegeben. 6. Das ist vielleicht nicht das beste, aber ganz sicher das zweitbeste Buch, das er geschrieben hat. 7. Per und Mona möchten gern ein zweites Kind haben. 8. Was ist mehr: ein Drittel oder zwei Fünftel? 9. Ist es wirklich wahr, dass du in der neunzehnten Etage wohnst? 10. Zur Hochzeit hatten sie vierundfünfzig Gäste eingeladen. 11. Lasse kaufte eine Zehnerpackung Zigaretten. 12. In dem Bruch ein Vierzehntel haben wir eins als Nenner und vierzehn als Zähler. 13. Die Dreizehn ist eine Unglückszahl. 14. Wann geht der erste Zug nach Åndalsnes? 15. Wenn du an der Bank vorbeigehst und die dritte Straße rechts einbiegst, kommst du zur Apotheke.

35. 1. Jeg sitter på femte rad. 2. Vi drar om ei uke på skiferie i ti dager. 3. Øvelsen på side tretten er svært enkel. 4. Hun fikk førsteprisen. 5. Kona mi er i åttende måned. 6. Tror du på kjærlighet ved første blikk? 7. Sju/syv er et lykketall. 8. Mer enn tusen studenter deltok i demonstrasjonen. 9. Skal vi treffes igjen om fem dager? 10. Vi burde gjøre mer for å hjelpe den tredje verden. 11. Minst tretti prosent av norske ungdommer sitter for mye stille. 12. På slutten av sekstitallet/sekstiårene var det færre og færre unge menn som gikk til frisøren. 13. Natt til fredag femte august hendte det noe fryktelig i den lille byen. 14. Sverre er nesten tre år yngre enn Guttorm. 15. Jeg er født den tjuefjerde/fireogtyvende i første. 16. Kunne du låne meg en hundrelapp? 17. På norsk blir det litt etter litt vanligere å lese tierne før enerne ved sammensatte tall. 18. Tre femdeler/ femtedeler heter brøken hvis tre er teller og fem er nevner. 19. Slå opp på side hundre og åtte! 20. Laget fra Grimstad ble nummer en og det fra Lillesand dessverre bare nummer tre. 21. En tredel/tredjedel av leksene hadde hun allerede gjort på skolen. 22. I konkurransen løp Erik fire hundredels sekund saktere enn Eskil. 23. Er du glad for at du er ferdig med kapittel fire nå?

Kapittel 5   Adverb

36. 1a) langt b) lang c) langt d) lange e) lange 2a) godt b) god c) godt d) godt e) gode 3a) fin b) fine c) fint d) fint e) fin 4a) høyt b) høyt c) høyt d) høyt e) høy f) høye 5a) ny b) ny c) nytt d) nye 6a) stygt b) stygg c) stygg d) stygt e) stygge f) stygt g) stygt 7a) lyst b) lyst c) lyse d) lyst e) lyse f) lys

37. 1a) inn b) Inne c) inn d) Inne e) inn 2a) ut b) ute c) ute d) ute e) ut 3a) oppe b) opp c) opp d) opp 4a) nede b) ned c) ned d) Nede e) nede 5a) hjemme b) hjem c) hjemme d) hjem e) hjem 6a) hit b) her c) Her d) her e) hit 7a) dit b) der c) der d) der e) dit f) der, dit 8a) fram b) framme c) fram d) framme

38. 1. visst 2. altfor, enda 3. bare 4. for, helt 5. litt; mye 6. neppe 7. nesten 8. nok 9. nokså/temmelig 10. svært 11. temmelig, veldig/svært 12. Antageligvis/sannsynligvis 13. Kanskje 14. Muligens 15. visst 16. Likevel, ellers 17. lite, heller ikke 18. akkurat 19. særlig, bare 20. Når 21. straks 22. Først, så 23. hyggelig 24. litt, lite

39. 1. Er hat wahrscheinlich vergessen, dass er schon um acht Uhr zurück sein sollte. 2. Ich bin ziemlich, aber jedoch nicht ganz erschöpft. 3. Es ist besser, zu viel als zu wenig zu kaufen. 4. Wie weit ist es von hier? 5. Sie sollten um drei Uhr von dort losgefahren sein. 6. Wir können vielleicht genau so gut jetzt spülen, sonst müssen wir es später machen. 7. Bist du schon aus der Schule zurück? 8. Wahrscheinlich müssen wir zuerst das Haus abwaschen und dann anstreichen. 9. Ich finde, du erzählst so lustig. 10. Wir haben glücklicherweise noch einige Kekse in der Dose. 11. Jonas kann schon Geige spielen. 12. Es gibt vermutlich morgen Regen, also müssen wir zu Hause bleiben. 13. Es ist genauso geschehen wie ich es dir gerade erzählt habe. 14. Es handelte sich vermutlich um einen ziemlich großen Vertrag. 15. Sie lächelte ihm freundlich zu, aber trotzdem saß er ziemlich sauer auf dem alten Sofa von Ikea. 16. Das ist ja so etwas, was man sonst überall finden kann. 17. Es ist sicherlich nicht einfach, Finnisch zu lernen.

40. 1. Hun har alltid vært svært moden for alderen sin. 2. Nabokona vår kommer stadig for sent. 3. Han snakker sjelden om følelsene sine. 4. Det kommer snart til å snø. 5. Nylig traff jeg en gammel venn som jeg ikke hadde sett på lenge. 6. Ofte lurer jeg på om jeg noen gang kommer til å få noe tid til meg selv. 7. Hvis du gjør det med en gang, kan du leke etterpå. 8. Dessverre vet jeg fremdeles ikke hva naboen heter. 9. Først vasker du hendene dine, så kan vi spise. 10. Liv klager bestandig over trøtthet og hodepine.

41. 1. Han kjørte fort, men svært sikkert. 2. Denne natta sov Mette altfor lenge. 3. Den nye kjolen kledde henne veldig godt. 4. Maten var utmerket. 5. Vennlig forklarte politimannen den gamle dama veien til kirken. 6. Vi kommer fremdeles til å ha mye å gjøre i de neste ukene. 7. Det nye huset kommer til å bli temmelig dyrt. 8. Du ville helt sikkert spille bedre piano hvis du ville øve litt mer. 9. I morgen kommer jeg sannsynligvis til å ha litt tid til deg. 10. Du har sikkert allerede hørt at vi muligens kommer til å flytte. 11. Vi kommer neppe til å få anledning til å snakke sammen lenge. 12. Vi har ennå ikke nok penger til å kjøpe oss en fritidsbolig i Hellas. 13. Jeg liker ikke pizza og heller ikke spagetti, men lasagne liker jeg godt. 14. Man skal aldri si aldri. 15. Vi har bare litt vin i huset og dessverre nesten ikke øl. 16. Espen snakker ikke bare flytende spansk, han kan også svært godt russisk. 17. Selv om det allerede er temmelig kaldt om nettene, sover jeg uten pyjamas. 18. Men det er nøyaktig det som foreldrene dine har sagt hele tiden. 19. Kanskje er ikke denne oversettelsesøvelsen særlig vanskelig. 20. Dette oppdraget må utføres så fort som mulig, ellers kommer vi til å miste det.

42. 1. mer, mest 2. lite, mindre 3. fortere 4. penest 5. styggere, styggere 6. ofte, oftere, oftest 7. sjeldnere 8. mest interessant 9. lengst 10. lenge 11. godt, bedre, best 12. vondt, verre 13. verste 14. mindre, mindre 15. minst 16. helst 17. mest 18. styggest 19. heller

Kapittel 6   Pronomen

43. 1. De ser på oss. 2. Han liker henne. 3. Jeg hilste på dem på festen. 4. De skal møte deg om noen timer. 5. Hvorfor ser hun så strengt på dere? 6. Hun skal treffe han/ham i dag. 7. Hun hater meg. 8. Dere må skynde dere. 9. Kan jeg hjelpe deg? 10. De skal møte oss på Oslo Sentralstasjon. 11. Vi spurte henne om veien til nærmeste apotek. 12. De forklarte han/ham det nye utkastet. 13. De kjøpte ei ny bok til meg. 14. Vi må tenke på deg. 15. Kan de passe på henne? 16. Vi må besøke dere. 17. Hun misliker dem. 18. De må unnskylde seg overfor meg. 19. Hun skuffet han/ham. 20. Vi må komme til deg. 21. De skulle ha sett dere den gangen. 22. Meg har hun alltid beundret. 23. Vi må nok gi dere litt mer tid. 24. Han kjøpte en togbillett til henne. 25. De bodde hos oss. 26. Jeg håper hun ikke glemme oss. 27. Vi skulle gi dem en lærepenge. 28. Hun burde høre på deg. 29. De skjente på han/ham.

44. 1. De gratulerer han/ham. 2. Han sover hos dem. 3. Hun hjelper henne. 4. De gav han/ham et rødt eple. 5. Han leter etter han/ham. 6. Han fortalte dem en dårlig vits. 7. De skal gå på teatret sammen med dem. 8. De leker med dem. 9. De besøker henne. 10. Han gav dem gratis rundstykker den dagen.

45. 1. Den 2. Den 3. Hun 4. Den 5. Det 6. han 7. Det 8. Han 9. Den 10. Den 11. Det 12. Den

46. 1. Gir du meg kniven? 2. Jeg har dessverre skadet meg i det høyre kneet. 3. Vi kan ikke treffe hverandre i morgen. 4. Så dere oss ikke i går? 5. De vil kjøpe (seg) en ny bil. 6. Kan du tenke deg å tilbringe ferien sammen med meg neste sommer? 7. Hun har ikke lenger tillit til han/ham. 8. Dere må ikke undre dere over at de ikke vil ha noen kontakt mer med dere. 9. Vi har ennå ikke funnet noen passende gaver til han/ham. 10. Susanne har en svart katt. Den er temmelig vill. 11. I går traff jeg en gammel venn. Han kjente meg nesten ikke igjen. 12. Der borte er en parkeringsplass. Den er gratis. 13. Ser du det huset der? Det har en vidunderlig hage. 14. Jeg er eldre enn deg. 15. Det var meg som du så i går.

47. 1. Du solltest daran denken. 2. Er holte einen Stuhl und setzte sich darauf. 3. Daran hättest du vorher denken sollen. 4. Viele legen Wert darauf, gut gekleidet zu sein. 5. Er nahm das Messer und schnitt damit ein Stück Brot. 6. Der Fußboden ist frisch gebohnert, daher dürft ihr nicht darauf treten. 7. Denk daran! 8. Annes Brille ist auf den Boden gefallen, und dann ist sie darauf getreten. 9. Per Olav nahm das Tablett und legte das Brot darauf. 10. Ich gehe davon aus. 11. Darauf kannst du dich verlassen.

48. 1. oss 2. seg 3. meg 4. deg 5. seg 6. dere 7. seg 8. seg 9. seg 10. deg 11. seg 12. seg

49. 1. Roar burde vaske seg oftere. 2. De var snille mot hverandre. 3. Sett deg/Dem i stolen! 4. Dere må hjelpe dere selv. 5. Hans og Grete hilste høflig på hverandre. 6. De elsket hverandre. 7. Birger vil slanke seg. 8. Vi hater hverandre. 9. I puberteten begynner de fleste guttene å barbere seg. 10. De traff hverandre hver onsdag. 11. Hun gjespet og strakte seg. 12. Vi kysset hverandre. 13. De irriterte seg fryktelig over den sinte hunden til naboene sine. 14. De lånte bøkene til hverandre. 15. Han tenkte bare på seg selv. 16. De rev ut håret på hverandre. 17. Vi likner hverandre, faren min og jeg. 18. Stoler dere på hverandre?

50. 1. Det er hytta vår. 2. Det er huset mitt. 3. Det er bøkene dine. 4. Det er problemet deres. 5. Det er solbrillene mine. 6. Det er vaflene våre. 7. Det er eplet ditt. 8. Det er dattera mi. 9. Det er sønnen din. 10. Det er barna deres. 11. Det er bilen deres. 12. Det er seilbåten vår. 13. Det er pengene hennes. 14. Det er teddybjørnen deres. 15. Det er oppgaven min.

51. 1. Sykkelen din er ganske gammel. 2. Inntekten deres var temmelig høy. 3. Skjortene deres er skitne. 4. Forslaget ditt er håpløst. 5. Sofaen deres er blå. 6. Leiligheten vår er stor. 7. Vitsen deres var morsom. 8. Rosene våre var gule. 9. Problemet mitt er uløselig. 10. Er ukebladet ditt nytt? 11. Kontoret deres er flott. 12. Føttene hans er store.

52. 1. si 2. sin 3. sine 4. sine 5. sitt 6. si 7. sine 8. si 9. si, sin 10. sine 11. sitt 12. sine 13. sitt 14. sin 15. sitt 16. sin 17. sitt 18. sin

53. 1. hennes 2. hans 3. hans, hans, hans 4. hennes; hennes, hennes, hennes, hennes 5. deres, deres, deres

54. 1. barna sine; barna deres; vennene sine; Håret hans; hårfargen sin; barnet deres; rommet sitt; rommet hennes; barnevogna si; mormora si; morfaren sin; barnebarnet sitt; barnebarna deres, besteforeldrene sine; Huset deres, tingene sine;

Barnebarna deres, tingene deres; trærne sine, huset deres 2. sykkelen sin; ønskelista hans; Foreldrene hans, karakterboka hans; karakterboka si, sykkelen sin; vennen hans, sykkelen hans, vennene sine

55. 1. Karsten har glemt telefonnummeret sitt. 2. Telefonnummeret hans er ganske enkelt. 3. Han likte den nye boka si. 4. Den nye boka hans var fryktelig spennende. 5. Det var ditt forslag, ikke mitt. 6. Maren lo av vitsen sin, og vitsen hennes var også virkelig morsom. 7. Barna lekte med foreldrene sine. 8. Huset deres var tidligere hvitt, men nå har Jens og Annemor malt huset sitt blått. 9. Etter min mening burde du la det være. 10. Professorene kjedet studentene sine. 11. Studentene deres krevde bedre forelesninger. 12. De kunne ikke finne solbrillene sine. 13. Nils spiste vaflene sine med god appetitt. 14. Han tok kniven sin og skar et stykke av brødet sitt. 15. Besteforeldrene våre liker å lese i bøkene sine selv om bøkene deres er temmelig gamle. 16. Han savner vennene sine. 17. Vennene hans er på ferie nå. 18. Det var din idé å lære norsk.

56. 1. Denne, den 2. Det, dette 3. De, disse 4. Den, denne

57. 1. Slike 2. slikt 3. slik 4. slik

58. 1. Anne og Tom har en ny leilighet som er større enn den gamle. 2. Color Line får snart et nytt skip som skal gå mellom Kiel og Oslo. 3. Skoene som jeg så i butikken i går, er dessverre allerede solgt. 4. Buskene som vi plantet i fjor, er alle døde. 5. Vinduet som jeg pusset i går, er allerede skittent igjen i dag. 6. Naboen som vi stadig har ergret oss over, har heldigvis flyttet. 7. Vi som liker å spise kaker, må passe på figuren. 8. Jeg kan gjerne gi deg et tips om hvilken som er den beste. 9. Jeg vet ikke hvem som kommer. 10. Jeg lurer på hva som er i veien med deg. 11. Den som ikke vil høre, må føle. 12. Den som ler sist, ler best. 13. De som ikke har gjort leksene sine, må gjøre en ekstraoppgave. 14. De som vil være med, må melde seg. 15. Huset som hadde rødt tak, måtte få nye takstein.

59. 1. Hvilken/Hva for en 2. Hva 3. Hva 4. Hvem 5. Hva 6. Hvem 7. Hvilket/Hva for et 8. Hvilke/Hva for noen 9. Hvem 10. Hva 11. Hvem 12. Hva 13. Hvilket/Hva for et 14. Hvilke/Hva for noen 15. Hva

60. 1. Hvem vet hvordan denne oppgaven skal løses? 2. Hva vil dere gjøre i morgen? 3. Hvor lenge blir du på festen? 4. Hvilke møbler skal vi gi til loppemarkedet? 5. Hvilken kjole skal jeg bestemme meg for? 6. Hvem synes du er den hyggeligste? 7. Hva heter du? 8. Hva kommer det av? 9. Hva kaller man det? 10. Hvilken is liker du best? 11. Hva for ei bok har du lånt? 12. Hva har du fore? 13. Hvem går du i teatret med? 14. Hvilken kino vil dere på? 15. Hva er det for et firma du arbeider i? 16. Hvilket fag liker du best på skolen? 17. Hvilket/hva for et inntrykk har du fått av henne? 18. Bordet som er nytt, har kostet mange penger. 19. Hvilken oppgave synes du er morsomst?

61. 1. all 2. Alt/Alle 3. Alle 4. alt 5. Alle 6. Alle 7. Alle 8. alt 9. Alle 10. Alle 11. all 12. Alt 13. Alle

62. 1. Hver 2. hver 3. hver 4. Hver 5. Hvert 6. Hvert 7. Hvert 8. hvert 9. hver 10. hver

63. 1. noen 2. noe 3. noe 4. noen 5. noe 6. Noen 7. noen 8. noe 9. noen 10. noe 11. noen 12. noe 13. Noen 14. noe

64. 1. Fins det noe apotek her på stedet? 2. Kjenner du noen norske ordspråk? 3. For noen uker siden fløy jeg for første gang til USA. 4. Der kommer noen. 5. Er det skjedd noe? 6. De hadde ikke noe/ingenting å gjøre. 7. Jeg har ikke noe lyst til det. 8. Jeg har ingen anelse. 9. Jeg kjenner ingen her. 10. Jeg forstår ingenting. 11. Ingen liker meg. 12. Ingenting er umulig. 13.

Han har ikke noe/ingen glede av livet lenger. 14. Hun fortalte at hun ikke hadde forstått noe. 15. Fins det ingen/ikke noen nye gode filmer?

65. 1. Alle elevene var med på klasseturen. 2. Alt er i orden. 3. Hun har all grunn til å være rasende på ham. 4. Annenhver helg tilbringer/er Torstein hos faren sin. 5. Hvert år drar han om vinteren til Sveits for å gå på ski. 6. Begge barna går på Rudolf Steiner-skolen i Gøteborg. 7. I begge museene hang bilder av Edvard Munch. 8. Man vet aldri om værmeldingen virkelig stemmer. 9. Er det noen der? 10. Fins/er det et supermarkedet i nærheten? 11. Har du allerede fått/funnet noen nye venner? 12. Er det fremdeles noe håp? 13. Jeg må fortelle deg noe. 14. Jeg vet noe. 15. Jeg har ikke (noe) tid. 16. De snakker dessverre ikke (noe) svensk. 17. Jeg har ikke kunnet finne noe. 18. Han sa at han ikke ville se noen.

Kapittel 7 Verb

66. 1. er 2. hatt 3. ble 4. skulle 5. kunnet 6. ville 7. må 8. skal 9. Vil 10. skulle, kunne; ville, måtte; burde

67. 1. snakket 2. nådde, smilte 3. henter/hentet 4. trodde, valgt 5. hoppet 6. visste/hadde visst 7. husket 8. fortalte 9. laster 10. viste, likte 11. greidd 12. retter 13. levde 14. leide 15. gjorde, spurte 16. sultet 17. bader 18. hatet 19. sendt 20. snakket, skyldte 21. dugde 22. la

68. 1. skrevet 2. strøk 3. sank, rakk 4. stjålet 5. slo seg 6. gått 7. sov 8. revet 9. red 10. glidd 11. drukket, krøp, sang 12. vant 13. kom, kvakk 14. rakk, lot 15. drevet 16. bundet 17. brast, gråt 18. sett, skalv 19. sneket, løp 20. stått, gått 21. skrøt, skutt 22. fløt 23. grep, fikk, nøt 24. klang, satt 25. sittet 26. kom, lå, sov 27. skåret 28. sprukket, lakk 29. fikk, lo 30. båret

69. 1. Hun har vært her i forrige uke. 2. Båten som tyven hadde stjålet, var lekk og sank etter kort tid. 3. Da de fikk nyheten, brast det siste håpet, og alle begynte å gråte. 4. Han skrøt av at han hadde vært sammen med henne hele kvelden. 5. Hvor mye vin har du drukket i kveld? 6. Da vi rev det gamle uthuset på gården, fikk vi virkelig se hva Olemann dugde til. 7. Siden de hadde leid ei hytte ved havet, fisket de mye. 8. Kristian skal ha glemt å slå av strykejernet. 9. På onsdag gikk jeg lenger enn jeg noen ganger har gått før. 10. Da ansiktet til Britt kom til syne i vinduet, smilte Henrik lykkelig. 11. Jeg har sovet elleve timer i natt. 12. Siden de ikke rakk toget, gikk de hjem igjen. 13. Lise fortalte meg at hun har lastet ned musikk fra nettet.

70. 1. fått 2. fikk 3. fått 4. få 5. få 6. får 7. fikk 8. fikk 9. fått 10. fikk

71. 1. Nun habe ich tatsächlich Verwendung für das Geschenk gefunden, das ich von dir in diesem Jahr zu meinem Geburtstag bekommen habe. 2. Darf ich neben dir sitzen? 3. Ich frage mich, wo Arnfinn ist, denn es gelingt mir nicht, ihn zu erreichen. 4. Die frisch Vermählten warfen ihre Kleider ab und hüpften ins Bett. 5. Wir müssen das ganze Mobbing beenden. 6. Mathias hat es endlich geschafft, seine Lego-Burg ganz richtig zusammen zu bauen. 7. Er hat es endlich geschafft, den Gartenzaun zu reparieren. 8. Es war unmöglich, die Flecken auf der neuen Decke zu entfernen. 9. Glücklicherweise hat er das Fahrrad vor der Fahrt reparieren können. 10. Sie müssen sich an das halten, was wir gesagt haben. 11. Du darfst gerne wiederkommen. 12. Sie haben erst von dem Todesfall gehört, als sie das Radio angemacht haben. 13. Hast du dich informiert, wann das Flugzeug morgen geht? 14. Sie schafften es nicht, die Kinder rechtzeitig zum Fest wegzubringen. 15. Es ist dir sicher gelungen, diese Aufgaben zu lösen.

72. 1. var, har vært 2. har bodd 3. har arbeidet, sluttet 4. likte, var 5. var 6. fikk, har fisket 7. har spist 8. har hatt 9. har gjort

73. 1. Vi gikk til Frognerseteren i går. 2. Da vi bodde i Larvik, besøkte vi ofte vennene våre i Stavern. 3. Vi har sett alle episodene av den nye tv-serien. 4. Dette var virkelig en god rødvin! 5. Jeg sov dårlig i forrige uke. 6. I hele går hogg vi ved i skogen. 7. Erling har malt mange bilder. 8. Har du noen gang vært på Kjerringøy? 9. Til nå har han alltid vært presis. 10. Så snart du har gjort denne oppgaven, kan du slutte.

74. 1. Da norskkurset begynte, hadde mange lest de første leksjonene på forhånd. 2. Da hun kom hjem, hadde de andre spist. 3. Dengang hadde hun vært skilt i tre år allerede. 4. I 2001 hadde Lena alt gått på skolen i fem år. 5. Jeg hadde aldri arbeidet med en vanskeligere oppgave enn denne. 6. Hun hadde forberedt seg godt til opptaksprøven. 7. Han spurte (om) hvor mye øl de hadde drukket. 8. Like før telefonen ringte, hadde han tenkt (på) å ringe til henne. 9. Like etter at de hadde dekket (på) bordet i hagen, begynte det å regne. 10. Så snart Niklas hadde øvd på klarinetten, fikk han lov til å spille fotball. 11. Bestefaren min har alltid sovet som en stein. 12. Da Magne ankom stasjonen, var toget allerede gått. 13. Hadde det vært mulig å være litt stille? 14. Hvis vi hadde øvet mer, hadde det vært lettere for oss å oversette til norsk.

75. skal vi reise, vil dra; skal ikke være med; vil savne oss/kommer til å savne oss; skal sende, skal glemme; kommer til å bli/vil bli; skal vi først pakke ut; vil ikke ta/kommer ikke til å ta, så fort som mulig vil bli kjent; vil vi besøke, vil kanskje ta/kommer kanskje til å ta

76. 1. Du bør/burde reise med tog. 2. Vi bør/burde heller gå til byen. 3. Det bør/burde egentlig være nok. 4. Det kan selvsagt begynne å snø i morgen. 5. Aleksander kan allerede gå uten hjelp. 6. Kan/får jeg låne ordboka di? 7. Det kan være sant. 8. Vi må betale regningene i dag. 9. Du må/kan/får gjerne overnatte hos oss. 10. Vi skal flytte til Tønsberg i mai. 11. Dere skal ikke lyve. 12. Hva skal det være? 13. Skal vi spise på den greske restauranten? 14. Han skal være svært ærgjerrig. 15. Dette skal jeg aldri tilgi deg. 16. De skulle/burde slutte før det skjer ei ulykke. 17. Frank vil helst bli hjemme. 18. Det vil helt sikkert/kommer helt sikkert til å gå bedre i morgen.

77. 1. Lukk døra! 2. Lukk døra! 3. Lukk døra! 4. Sett deg! 5. Spis ordentlig! 6. Ta av dere jakkene! 7. Spis opp maten! 8. Rydd rommet! 9. Sov godt! 10. Hold snavla/munn! 11. Sitt stille! 12. Ta på deg lua! 13. Gjør som jeg sier! 14. Vask hendene og puss tennene!

78. 1. Var det mulig å få en kopp te? 2. Torleif sa at han ikke kunne komme. 3. Hvis jeg hadde (hatt) penger, hadde jeg kjøpt/ville jeg ha kjøpt ei annen bok. 4. Kunne du gjøre meg en tjeneste? 5. Hvis vi hadde (hatt) tid, hadde vi dratt/kunne vi ha dratt til en fritidspark. 6. Hun sa at hun snart skulle pusse opp den nye leiligheten sin. 7. Lise fortalte meg her om dagen at hun har lastet ned musikk fra nettet. 8. Hvis han hadde tenkt på det i går, hadde ikke alt gått/ville ikke alt ha gått galt. 9. Hvis du hadde sovet mer om nettene, vil du ha vært mer opplagt på dagen. 10. Kunne du gi meg et godt råd? 11. Han spurte om det var mulig å få en kopp kaffe.

79. 1. Guttene sa at de hadde tapt kampen. 2. Jorunn sa at hun akkurat hadde vært i byen. 3. Postmannen sa at han ikke hadde noen brev til meg. 4. Johann sa at han hadde vært på besøk hos noen venner. 5. Barna ropte at de snart skulle dra på ferie. 6. Hun mumlet at hun dessverre hadde misforstod. 7. Legen stønnet at han aldri hadde hatt en vanskeligere pasient. 8. Læreren sa at de snart skulle få utdelt karakterbøkene. 9. Han sa at han måtte varme opp maten. 10. Den gamle kona spurte om jeg kunne hjelpe henne. 11. Bokhandleren spurte om jeg hadde lest den siste boka til Roy Jacobsen. 12. Målmannen sa at han ikke var i form i dag.

80. 1. Å oversette fra et språk til et annet kan være vanskelig. 2. Stadig å spise for mye er usundt. 3. Har du forsøkt å gjøre alle arbeidsoppgavene? 4. Til slutt klarte de å finne en ledig parkeringsplass. 5. Hun bad henne/dem rydde bordet. 6. Lørdag planla de å klippe plenen, vanne blomstene og dessuten rydde i garasjen. 7. Hun hadde allerede lært å svømme. 8. Hjelper du meg (med) å vaske opp? 9. Vær så snill å komme hjem nå! 10. Vennligst hør etter! 11. Andreas gikk for å skifte/gikk og skiftet. 12. Vi er ofte ute og spaserer. 13. Jeg kommer ikke til å gi opp/vil ikke gi opp.

81. 1. leende 2. frysende, skjelvende 3. stående 4. liggende 5. løpende, liggende 6. løpt 7. skullet 8. latt 9. gående 10. sittende 11. sett 12. gående, fnisende

82. 1. Arbeiderne, som hadde streiket i flere uker, begynte så smått å bli frustrert. 2. Selv om sjefen kom løpende, ble de ansatte sittende i ro. 3. Forslaget som var uakseptabelt for alle, ble møtt med hånlatter. 4. Flere ganger har vi hørt nattegalen synge.

83. 1. Den høytidelige åpningen av den nye brua mellom Norge og Sverige ble foretatt av kongen. 2. Posten ble hentet hver morgen av Ole. 3. Lommeboka blir lagt i skuffen av meg. 4. Skjortene hans ble strøket av ham i går. 5. Alle sigarettene hadde blitt stjålet av tyvene. 6. Det gamle uthuset på gården har blitt revet av dem. 7. Hytta vår skal bli malt av oss. 8. Bilene skulle ha blitt vasket av dem. 9. Motorsyklistene ble mistenkt for innbruddet av politiet. 10. Trafikkproblemene i byen burde ha blitt løst for lenge siden av politikerne. 11. Hagegjerdet har blitt reparert av vaktmesteren. 12. Oppgavene må bli løst av deg. 13.

130

På sommeravslutningen ble et stykke av Ibsen spilt av elevene. 14. Den nye blomstervasen som stod på bordet i gangen ble veltet av meg. 15. Ved et uhell ble det store speilet som hang på soverommet knust av Mia. 16. Et utkast til et sint brev til lokalavisa ble skrevet av Johan på mandag. 17. Før sommerfesten ble lekeplassen ryddet for søppel av alle naboene.

84. 1. Før oppgavene gjøres, bør §§ 163-165 absolutt leses! 2. Vi ble ofte overrasket av den sterke vinden ved kysten. 3. Forslaget er blitt godt mottatt av de fleste. 4. Det hevdes at klimaet i verden stadig blir mildere. 5. Problemet må løses. 6. Kaka settes i 55 minutter i ovnen på 200 grader. 7. Det må sies at dette ikke er noen optimal løsning. 8. Det ble drukket store mengder øl på festen. 9. Koffertene ble pakket i en fart. 10. Regningene betales alltid punktlig. 11. Til slutt ble rommet ryddet.

85. 1. Habe ich das richtig erklärt bekommen? 2. Können wir die Pakete bei dieser Post ausgeliefert bekommen oder müssen wir zum Hauptpostamt? 3. Sie bekam ein neues Kleid genäht. 4. Du musst dein Zimmer aufräumen, bevor deine Großeltern zu Besuch kommen. 5. Diese Aufgaben lassen sich lösen. 6. Die Hausaufgaben sollen bis Mittwoch gemacht werden. 7. Alle Flaschen waren längst leergetrunken. 8. Bei ihrem Anblick war sie ziemlich schockiert über die neue Frisur. 9. Eine solche Fingerfertigkeit will geübt sein. 10. Ich bin sicher, dass sich das rechtzeitig regeln lässt, bevor die Frist am Freitag abläuft.

86. 1. Synes du at vi skal gjøre det? 2. Det fantes svært mange nybegynnere på kurset. 3. Vi ferdes heldigvis ikke i de kretser. 4. Kan du minnes den første gangen? 5. De skal skilles. 6. Jeg undres på om han egentlig trives i den nye stillingen sin. 7. Hun håpet at de snart kunne treffes. 8. Sees vi snart?

87. 1. Konserten er dessverre blitt avlyst. 2. Når ankommer du Gardermoen? 3. Jarles vitser bidro betraktelig til den gode stemningen på festen. 4. Du må ikke glemme å skrive under brevet. 5. Kan du være snill å slå på tv-en? 6. De tok på seg gummistøvler fordi gresset var vått. 7. Fiskerne trakk inn garnene sine. 8. Når jeg tenker etter, er det klart at du har rett. 9. Jeg avslo å påta meg vervet i fjor også. 10. Dere har vel ikke gitt opp å lære norsk?

Kapittel 8   Preposisjoner

88. 1. Sie wohnten in einer großen Stadt. 2. Ist Petter in sie verliebt? 3. Wir werden nach Stavanger fahren. 4. Dieses Geschenk ist für Mama von mir. 5. Was soll ich damit machen? 6. Ich freue mich darauf, in den Urlaub zu fahren. 7. Alle warteten darauf, dass die Vorstellung beginnen würde. 8. Sie entschuldigten sich dafür, dass sie zu spät kamen. 9. Kåre Dag ist tüchtig im Stricken. 10. Der Zug kommt daher, dass die Tür offen steht. 11. Mit wem hast du zusammen gewohnt? 12. Woher kommst du? 13. Die Aufgaben, an denen du arbeitest, haben einen unterschiedlichen Schwierigkeitsgrad. 14. Der Brief, an dem sie schrieb, war für einen alten Freund. 15. Das Missverständnis wurde während des Gespräches aufgeklärt. 16. Anstatt zu protestieren, solltest du es einfach tun. 17. Wegen der Hitzewelle wurde die Veranstaltung abgesagt. 18. Vor fünfzehn Jahren lebte er noch in Deutschland. 19. Darf ich neben dir sitzen?

89. 1. av 2. etter 3. for 4. fra 5. gjennom 6. på 7. I 8. Ved 9. ved 10. til 11. til, til, til 12. mot 13. mot 14. forbi 15. fra, til 16. Hos 17. mellom 18. av 19. av 20. Bak 21. av 22. etter 23. til 24. om 25. Om, om, på 26. på 27. på 28. på 29. på, etter

90. 1. av, av 2. på 3. av 4. fra 5. på 6. på 7. fra 8. på 9. på 10. av 11. fra, av 12. på 13. av 14. av, av 15. på 16. fra, fra

17. på 18. fra 19. av 20. på 21. på 22. på 23. fra 24. av 25. av 26. på 27. av 28. På, av 29. av 30. på

91. 1. I 2. om, om 3. Om 4. på 5. i 6. i 7. i 8. Om 9. På 10. på 11. om 12. I 13. I, i 14. Om 15. I, i 16. i 17. på 18. på 19. i 20. Om

92. 1. til 2. i 3. på 4. i 5. til/om 6. på 7. til 8. ved 9. på 10. i 11. ved 12. i/på 13. på 14. ved 15. i 16. ved 17. til 18. Om

93. 1. fra 2. av 3. fra 4. Av 5. av 6. av 7. av 8. av 9. fra 10. fra 11. fra 12. fra 13. Av

94. 1. for 2. til 3. til 4. til 5. for 6. for 7. til 8. til 9. for 10. for 11. til 12. for 13. for

95. 1. i, på 2. Om 3. i 4. I 5. på 6. om 7. I 8. i 9. på, i, i 10. i 11. på, på 12. i 13. på, i 14. om 15. i 16. i, i 17. I 18. i 19. på, i 20. i, på 21. i 22. i, i 23. i

96. 1. om 2. om 3. fra 4. Fra, av 5. om 6. av 7. av 8. fra 9. om 10. fra 11. fra 12. Fra 13. om

97. 1. Bayern München ligger for tida på toppen av tabellen. 2. Bildet henger på veggen. 3. Vær snill og sett deg til bords! 4. Du må venne deg til det. 5. Maria står hele formiddagen ved komfyren. 6. Har du vært ved Rhinen noen gang? 7. Trekningen i Lotto finner sted på lørdager. 8. Vi drar til sjøen hver sommer. 9. På stranda lå mange nudister. 10. Det henger et skilt på døra. 11. Jeg tenker stadig på deg. 12. Hvem er i telefonen? 13. Trafikklyset er falt ut i veikrysset. 14. Det var en lang kø foran pengeautomaten. 15. Slakteriet på hjørnet måtte stenges. 16. Neste helg finner det sted et stort arrangement. 17. Apoteket ligger på høyre side av veien. 18. Det ligger meg på hjertet. 19. Han har hjertet på rett sted. 20. Hun arbeider på en ny oppfinnelse. 21. Det henger mange epler på trærne. 22. Midt på dagen var gardinene trukket for. 23. I dag er det lett å se stjernene på himmelen. 24. De skrev på en øvingsbok til en norsk grammatikk. 25. Hunden ligger på gulvet. 26. Læreren skrev setningen på tavla. 27. Han må gå på krykker ennå noen uker. 28. Han føler seg som femte hjul på vogna. 29. Lukt på denne blomsten! 30. Vær snill og sett delen tilbake på riktig plass. 31. Tror du på Gud? 32. Han er lærer i en videregående skole. 33. Det er på tide å slutte. 34. Hun har allerede arbeidet månedvis med denne saken. 35. Lise sitter alltid ved rattet. 36. Det var lang kø i kassa. 37. Hils så mye til niesen din. 38. Det var ingen skyer på himmelen. 39. Han led av en smittsom sykdom.

98. 1. Elevene sitter på stolene sine. 2. Vær snill og sett dere på plassene deres! 3. De skal tilbringe hele sommeren på Langeoog. 4. I vinduskarmen står det blomster. 5. Lena kneler på benken. 6. Simon står i/på stigen. 7. Johan maler på papirarket. 8. Det lå en fotball på gressplenen. 9. Det sitter et storkepar på taket. 10. Det var en elefant på bildet. 11. På komfyren koker vannet. 12. Det er svært populært i Tyskland å tilbringe sommerferien på en bondegård. 13. På muren sitter det en rødstrupe. 14. Det går fire pærer på en kilo. 15. Vi har ikke flere penger på kontoen. 16. Jeg håper at han kommer på andre tanker. 17. Dere kan ikke stadig legge alt ansvar på andre. 18. Kan du passe på ungene mine i morgen? 19. På tilbaketuren fra Fredrikshavn kom vi i en bilkø. 20. Hun kan ikke engang lese skiltet på en avstand av en meter. 21. Jeg kan ikke innlate meg på dette eventyret. 22. Kan du si denne setningen på norsk? 23. De bor på landet. 24. Det var kjærlighet ved første blikk. 25. Hvorfor vil du absolutt gå på universitetet? 26. Hun hadde en hatt på hodet. 27. Jeg vil på ingen måte gjøre det. 28. Han arbeider på et bygg. 29. Har du vært i Lofoten noen gang? 30. Sett deg i sofaen! 31. Vi er invitert til et gullbryllup i helga. 32. Etter Karens ønske ble det spilt en sakte vals. 33. På grunn av sykdommen sin måtte han slutte med sport. 34. Etter regn kommer solskinn. 35. Med ett var den gode stemningen til festdeltakerne borte. 36. De lever på stor fot.

99. 1. Hun har satt alt på et kort. 2. Har du en enda bedre vin på lager? 3. De befinner seg på flukt. 4. Du går meg på nervene. 5. Foreldrene mine nærmer seg de sytti. 6. De har krav på et privatliv. 7. Han er på frifot igjen. 8. Hun trekker på gata i Hamburg. 9. På onsdag knep politiet to innbruddstyver på fersk gjerning. 10. Han krøp på alle fire gjennom leiligheten.

100. 1. Ringen er av gull. 2. Jeg lærer glosene for moro skyld. 3. Vasen er fra det femte århundret. 4. Dekket er av gummi. 5. Av skade blir man klok. 6. Han drikker av flaska. 7. I går ble hun skrevet ut fra det katolske sykehuset. 8. H. C. Andersen kommer fra Danmark. 9. Klokka to kommer barna fra skolen. 10. Jeg kunne bare betrakte det på avstand. 11. Av melk lager man smør og ost. 12. Han gjør det av kjærlighet. 13. Vet du hva det er blitt av henne? 14. Jeg blir ikke klok på deg. 15. Det må du få ut av hodet ditt! 16. Hun har på eget initiativ lett etter en feriejobb. 17. Den eldste dattera til de beste vennene våre er for lengst ute av redet. 18. Av egen erfaring vet jeg hvor vanskelig de norske preposisjonene er.

101. 1. Jens er i politiet. 2. Else bor hos Helga. 3. Ved fjære sjø kan man bygge sandslott på stranda. 4. Hun har ingen penger på seg. 5. Var du med på spørrekonkurransen? 6. De går tur i all slags vær. 7. De sover hele året med åpent vindu. 8. Han bodde i mange år hos eskimoene. 9. Det skjedde en ulykke under skoleturen. 10. Vi skal spise på den greske restauranten i dag. 11. Hun får spille hovedrollen i teaterstykket. 12. Skylden ligger ikke hos deg. 13. Hun er ved filmen.

102. 1. Jeg kan på langt nær si deg alt. 2. Jeg tar deg på ordet. 3. Jeg må søke råd hos noen. 4. Du er vel ikke helt ved forstanden/ved dine fulle fem.

103. 1. Boka må være ferdig til sommeren. 2. De reiste til Oslo via Gøteborg. 3. Det varte en evighet før sykebilen kom. 4. Det er middagspause mellom ett og tre. 5. Det varer ennå en stund før avgang. 6. Kjolen rakk henne til knærne. 7. Han er blitt våt helt inn til skinnet. 8. Vi flyr til Torp. 9. Jeg er på skolen til klokka to. 10. Ungdommer under 18 år har ingen adgang. 11. Aulaen var fullsatt til siste plass. 12. Nyttårsaften var Inger Johanne og jeg oppe til midnatt.

104. 1. På grunn av månens tiltrekningskraft oppstår flo og fjære. 2. Gjennom vinduet kan jeg se havet. 3. Pass på når du går gjennom døra! 4. Hun må lære å puste gjennom nesa. 5. Byen ble ødelagt av bomber. 6. Ballen fløy gjennom vindusruta. 7. På grunn av han har jeg lært å le igjen. 8. Vi gikk gjennom byen. 9. Vi gjorde/har gjort en reise gjennom Norge. 10. Kommoden går ikke gjennom døra. 11. Jeg sender det til deg med posten. 12. Åtte delt på fire er to.

105. 1. Jeg har ikke tid til deg. 2. Han vil/ville gjerne spille for Schalke. 3. I Norge takker man for maten. 4. Jeg har en gave til deg. 5. Vi har ikke nok penger til en ny båt. 6. Jeg vil for alltid være hos deg. 7. Kan du være snill å betale maten for meg? 8. For 100 kroner får man omtrent 28 euro. 9. Dag etter dag gjør hun det samme. 10. Jeg vil gjøre alt for deg. 11. Har du et lånekort til biblioteket? 12. Han er ikke egnet til denne jobben. 13. Til denne oppgaven trenger man litt tålmodighet. 14. Har du søkt på stillingen? 15. Han er professor i tysk i Halden. 16. Kunne du ikke holde hemmeligheten for deg selv? 17. Jeg er ansvarlig for barna mine. 18. Hun er svært stor for sin alder. 19. Det er altfor kaldt til å være juni.

106. 1. Om sju år er du voksen. 2. Vennene våre har bodd kort tid i gata vår. 3. I Østerrike har det nesten ikke snødd denne vinteren/i vinter. 4. Hun snakker i søvne. 5. Har du vært på supermarkedet? 6. Vi har bryllupsdag i september. 7. Barna leker på rommene sine. 8. På badet brenner lyset ennå. 9. Det er fint i Oslo, men jeg vil heller bo på Lillehammer. 10. Naboene våre reiser hvert år til Sveits. 11. Huset er i god stand. 12. De gikk arm i arm gjennom byen. 13. Ved den minste småting brøt hun ut i tårer. 14. Blir du med i vannet? 15. Elevene kann engangen i søvne. 16. I oppvaskmaskinen befinner det seg fremdeles skittent servise. 17. Det er et hull i genseren. 18. Det står mange bøker i hylla. 19. Blir du med på kino? 20. Det går sju personer i bilen. 21. Det går en god spillefilm på tv. 22. Merle sover i senga. 23. Det er mye arbeid på kontoret for tida. 24. Hestene må leies inn i stallen. 25. I løpet av kort tid har hun forstått/forstod hun problemet. 26. Det er fremdeles litt te igjen i koppen. 27. Hva har du i veska di? 28. Pass på når du går på bussen! 29. På mange punkter må jeg gi deg rett. 30. Denne boka kommer ut på Gottfried Egert Verlag. 31. For øyeblikket kommer jeg ikke på flere passende eksempler.

107. 1. Han oppførte seg som en elefant i en porselensbutikk. 2. Da må vi vel bite i det sure eplet. 3. De løp i gåsegang over gårdsplassen. 4. Jeg føler meg som i syvende himmel.

108. 1. Han går sammen med venninna si på diskotek. 2. Kjenner du damen med hatten? 3. Man kan ta gode bilder med et digitalkamera. 4. Sjokoladen er med nøtter. 5. De fleste mennesker skriver med høyre hånd. 6. Vær forsiktig i omgang med porselen! 7. Han kastet steiner. 8. I kjøkkenet står en kurv med frukt. 9. Jeg har problemer med å sovne. 10. Med langsomme skritt forlot hun hotellet. 11. Jeg liker best å spise brød med pølsepålegg. 12. Snakk ikke med munnen full av mat! 13. Du må vaske hendene dine med såpe! 14. Først da han var trettifem år gammel, avsluttet han studiene. 15. Hun kom sammen med foreldrene sine til restauranten. 16. Hun er netthendt i omgang med nål og tråd. 17. Hun dro med sykkelen til jobben. 18. Vil du spise sammen med oss? 19. Jeg har gjort det med vilje. 20. Han spiste med god appetitt.

109. 1. Den er ti over fem. 2. Denne sommeren reiser vi til Sverige. 3. Etter sju timers biltur var de endelig framme. 4. Når kommer du hjem? 5. Etter min mening er det ennå håp. 6. De levde etter de ti bud. 7. Hun kommer til moren hans. 8. Når du er ved det andre lyskrysset, må du svinge til venstre. 9. I Norge takker man for maten etter måltidet. 10. Etter klokka åtte skal det være ro hos oss. 11. Etter/ifølge loven er det lov å røyke fra man er fylt 16 år. 12. Sola beveger seg fra øst mot vest. 13. Etter undervisningen skal dere få en is. 14. Jeg drikker ikke kaffe etter (klokka) fem. 15. Motorveien er stengt etter ei ulykke. 16. Jeg har lett lenge etter deg. 17. Hun er alltid kledd i siste mote. 18. Jeg kjenner henne bare av navn.

110. 1. Hun løp over gata uten å se seg verken til høyre eller venstre. 2. Hva vet du om den franske revolusjonen? 3. Jeg har lært norsk i over åtte år nå. 4. Over skyene må vel friheten være grenseløs. 5. Vi snakket akkurat om deg. 6. Alle mann over bord. 7. Karakterene hans ligger over gjennomsnittet. 8. Han gjorde over ti feil på diktaten. 9. Hun sitter hele dagen over bøkene (sine). 10. Sola står over ekvator. 11. Hun strøk ham kjærlig over håret. 12. Han snakket utførlig om utbyggings-planene. 13. Han er ikke lenger herre over situasjonen. 14. Ungene syntes det var gøy å hoppe over grøfta. 15. De bor en etasje over oss. 16. Stedet ligger 1000 meter over havet. 17. Hun har på seg en kåpe over kjolen. 18. Han hopper over gjerdet. 19. De fløy over Alpene. 20. Det rant gledestårer nedover kinnene hennes. 21. Bussen kjører ikke om Skien. 22. Jeg skal dra og seile i helga. 23. Barna over ti år må betale inngangspenger. 24. Jeg har fått telefonnummeret til deg av/via en venn.

111. 1. Klokka sju går ferga. 2. Det vokser mange store busker rundt huset. 3. Vi gikk tur rundt hele øya i går. 4. Ved midnatt ringte klokkene. 5. Jeg har lyst til å be deg om unnskyldning. 6. Taxien svingte rundt hjørnet. 7. Han må være sånn omkring de femti. 8. Jorda kretser rundt sola. 9. Jeg liker å ha mange mennesker rundt meg. 10. Det må legges en bandasje/forbinding rundt såret. 11. Kjolen må forkortes omtrent 3 cm. 12. Han er bekymret for arbeidsplassen sin. 13. Han er omtrent et hode høyere enn broren sin. 14. Jeg ber om forståelse. 15. Vi har bedt om svar. 16. Hun engster seg stadig for barna sine. 17. Utgiftene har steget med 4 %. 18. Øye for øye, tann for tann. 19. Han er opptatt hele døgnet.

112. 1. I leiligheten under oss bor et eldre ektepar. 2. Han bodde et år sammen med de innfødte på øya. 3. Skiløypa gikk under ei bro. 4. Spurvene bor under taket. 5. Muligens må vi flytte. 6. Han har lidd siden barndommen av eksem. 7. På en betingelse får du lov til å bli med å svømme. 8. Karakterene hans lå under gjennomsnittet. 9. Temperaturen ligger under null grader. 10. Nøkkelen ligger under matta. 11. De sover under åpen himmel. 12. Vi liker å være sammen med (andre) mennesker. 13. Servietten ligger under tallerkenen. 14. Jan står under dusjen.

113. 1. Han er under tøffelen hennes. 2. Denne saken burde vi ordne under fire øyne. 3. Det er under min verdighet. 4. Det er under mitt nivå. 5. Det er under all kritikk. 6. Han er i sjokk. 7. Det er intet nytt under solen. 8. Det er, mellom oss sagt, en skam for familien.

114. 1. Boka ble skrevet av en russer. 2. Huset var fullt av gjester. 3. Color Line går fra Kiel til Oslo. 4. Gaven er fra meg til deg. 5. Bare halvparten av kakene ble spist. 6. Jeg kjenner han fra tidligere. 7. Han har et fotografi av venninna si på skrivebordet. 8. De hellige tre konger dro fra hus til hus. 9. Bestefaren min har fortalt mye fra krigen. 10. Har du hørt nyheten om togulykken? 11. Melka kommer fra kua. 12. Hva vil du ha av meg? 13. Hele stedet ble begravet av et snøskred. 14. Kan du vise meg et kart over Norge? 15. Det er snilt av deg. 16. Jeg fikk et brev fra Australia fra kusina mi i går. 17. Han tørket svetten av panna. 18. Dronninga av Sverige stammer fra Tyskland. 19. Han er lærer av yrke. 20. Vi har ikke snakket om deg. 21. De tærer på sine oppsparte midler. 22. Der kommer en bil forfra. 23. Han lever bare på vann og brød. 24. Vi må ta klesvasken av snora. 25. Det var en feil av meg. 26. Bøkene ble utgitt på forskjellige forlag. 27. De har to barn i en alder av fire og sju år. 28. Han ble rost av sin far. 29. Det er brød fra i går. 30. Gaven kommer fra hjertet.

115. 1. Rør deg ikke av flekken! 2. Jeg gleder meg av hele hjertet på deres vegne. 3. Han kom fra asken til ilden. 4. Det er ingenting av betydning. 5. Jeg kjenner ham fra barnsbein av. 6. Eplet faller ikke langt fra stammen.

116. 1. Det skjedde for fem timer siden. 2. Hun kom hjem ti minutter før meg. 3. Er du redd for meg? 4. Han ble depressiv av bekymring. 5. De måtte stoppe foran trafikklyset. 6. De så ikke skogen for bare trær. 7. Du har ennå hele livet foran deg. 8. Den er kvart på åtte. 9. Vi treffes foran kinoen klokka åtte. 10. Han står stadig foran speilet. 11. Foran „dass" står det alltid et komma på tysk. 12. Innsigelser må leveres inn før fristens utløp. 13. Hun var stum av skrekk. 14. Bilen står foran garasjen. 15. Ole og Jonas sitter foran fjernsynet. 16. Han sovnet av trøtthet. 17. For bare røyk kunne vi ikke se noe. 18. De skalv av angst. 19. Det skjedde lenge før min tid. 20. Før jul er det alltid svært hyggelig hjemme hos oss. 21. Ulykken skjedde direkte foran øynene mine. 22. Hun så for seg bildet av en prinsesse. 23. Han brøt sammen i fortvilelse.

117. 1. Til påske drar vi til fjells. 2. Astrid har i forrige uke satt tvillinger til verden. 3. Dra til helvete! 4. Det er ferske rundstykker til frokost. 5. For tida feires det karneval overalt. 6. Barna våre liker å gå på skole. 7. Hva sier du til dette forslaget? 8. Jeg vil gjerne invitere deg ut og spise. 9. I begynnelsen av mottakelsen holdt borgermesteren en tale. 10. Til alt hell skjedde ingenting/har ingenting skjedd. 11. Forhåpentligvis kommer du snart til fornuft. 12. De kom inn gjennom døra. 13. Jeg har fått to kjoler til prisen av en. 14. I morgen går jeg til legen. 15. Vi burde snart gå til sengs. 16. Hva har du gitt henne til svar? 17. Vi blir hjemme i dag. 18. Mor kommer hjem til middag. 19. Som takk for hjelpen fikk vi ei flaske vin. 20. Hun ble utnevnt til direktør på Universitetet. 21. De kjempet til siste mann. 22. I morgen må jeg på jobb igjen. 23. Glasset var fylt til randen. 24. Nå har jeg allerede for andre gang forklart deg denne oppgaven. 25. Erik har en svært hyggelig klassekamerat til venn.

118. 1. Gutten ville ikke leke med den lille jenta. 2. Han håpet å få overnatte hos henne. 3. Du kan stole på ham. 4. Du kan stole på det. 5. Han har begynt (med) å løse kryssord. 6. Det kommer an på om du kommer hjem. 7. Det kommer av at han er doven. 8. Vennene som de lekte mest med, bodde i det samme huset. 9. Hvem skal du danse med? 10. Hva tenker du på? 11. Foruten meg var vi tolv personer til sammen. 12. Lokket lå oppå gryta. 13. Direkte overfor huset lå en stor parkeringsplass. 14. I løpet av de siste dagene har det hendt meg flere ganger. 15. På grunn av den sterke vinden fikk vi ikke lov til å seile. 16. For tre uker siden var vi i Gudbrandsdalen. 17. Ved siden av bordet satt (det) en stor hund. 18. På tross av/til tross for misforståelsen gikk alt bra til slutt. 19. I stedet for å øve preposisjoner vil jeg heller se en film.

119. 1. Hun tok barnet i handa. 2. Barn er ofte sjalu på de yngre søskene sine. 3. Vi kjørte/dro forbi postkontoret. 4. En av gummistøvlene hadde et hull. 5. Gitte kommer fra Danmark. 6. I begynnelsen var alle fornøyde med ham. 7. På onsdag flyr vi til Kirkenes. 8. Vær snill mot meg! 9. Vi var på besøk hos den gamle læreren vår. 10. Bak skolen vokser noen store trær. 11. Eldre mennesker lengter ofte etter stillhet og ro. 12. Det dreier seg om et ganske stort pensum. 13. Hytta som vi leide, lå ved havet. 14. De tilbrakte hele søndagen på stranda. 15. Hun var rasende på ham. 16. Om morgenen etter den store festen var alle temmelig trøtte. 17. De syklet syngende gjennom skogen. 18. Vi står vanligvis opp ved halvsjutida. 19. Susanne kastet ballen mot veggen. 20. Bussturen fra Oslo til Kristiansand tar ca 5 timer. 21. Det må bli mellom oss. 22. Den gamle kvinnen døde av en sjelden sykdom. 23. Hvor langt er det til Mandal? 24. Da de fikk eksamensresultatet, gråt de alle av glede. 25. Om kvelden satt hele familien foran tv-en. 26. Hunden satt på gulvet ved siden av bordet. 27. Jeg lengter etter våren. 28. Er du redd for meg? 29. Kan du gå til bakeren og kjøpe brød?

Kapittel 9   Konjunksjoner

120. 1. Wollen wir zusammen Tennis spielen, oder möchtest du lieber mit Solveig spielen? 2. Es ist in Norwegen völlig verboten, sowohl in Cafés als auch in Restaurants zu rauchen. 3. Entweder glaubst du es oder nicht; ich wollte einmal Schauspieler werden. 4. Ich habe leider weder Geld noch eine Bankkarte bei mir. 5. Das Wetter ist nicht besonders gut, aber das macht nichts. 6. Ruth hat nicht Spanisch, sondern Norwegisch angefangen zu studieren. 7. Nina kommt nicht aus Finnmark, sondern im Gegenteil aus Vestagder. 8. Niemand hatte Lust mit Anders zu spielen, denn er wollte immer über die anderen bestimmen. 9. Viele haben dieses Buch gelesen, aber noch mehr sollten es tun. 10. Entweder müssen Petter und Ole oder Kari und Hanne es machen, denn wir zwei machen es auf jeden Fall nicht. 11. Sowohl Terje als auch Lise werden in die Schweiz fahren. 12. Weder Janne noch Egil freuen sich, in den Urlaub zu fahren. 13. Der Zug fährt nicht nach Halden, aber hält in Fredrikstad. 14. Der Zug hält in Fredrikstad, aber das macht nichts. 15. Willst du mit den Aufgaben weitermachen oder willst du lieber eine Pause machen?

121. 1. Jeg har verken langrennski eller slalåmski. 2. Fredrik spiller både fotball og tennis, mens Øyvind verken gjør det ene eller det andre. 3. De hadde tenkt å grille i hagen, men så begynte det å regne. 4. Jeg vil ikke lage middag, men heller spise på restaurant. 5. Vi trenger ikke kjøpe flere epler for vi har sikkert tre kilo liggende hjemme. 6. Jeg har verken lyst eller tid til å lese romaner. 7. Setningen var både grammatikalsk og innholdsmessig mislykket. 8. På de tidspunktene var enten kona mi eller jeg hjemme. 9. Det der er jo ikke noe innsekt men en fugl. 10. Ikke bare du og jeg men også et hvert annet menneske burde av og til tenke over sin egen situasjon.

122. 1. Ich glaube, dass das Flugzeug Viertel vor sieben von Flesland abfliegt. 2. Es ist noch nicht entschieden, ob ich den Norwegischkurs weitermache. 3. Seitdem du im vergangenen Jahr bei uns zu Besuch warst, haben wir das Haus vom Keller bis zum Dachboden renoviert. 4. Nachdem es in Norwegen verboten worden ist im Restaurant zu rauchen, ist es für Allergiker einfacher geworden, essen zu gehen. 5. Bevor wir nach Italien fahren, müssen wir eine Reiseversicherung abschließen. 6. Weil der Zug Verspätung hatte, haben wir den letzten Flug nach Trondheim verpasst. 7. Da der Bezug total verschlissen ist, können wir ebenso gut ein neues Sofa kaufen. 8. Da alle doch nicht kommen konnten, wurde das Fest abgesagt. 9. Da wir hier sind, könnten wir vielleicht zusammen Kaffee trinken. 10. Obwohl diese Aufgaben wohl schwer sein können, ist es sinnvoll, sie zu machen. 11. Obwohl es spät am Abend war, haben die Kinder draußen auf der Straße gespielt. 12. Obwohl er Gartenarbeit mochte, graute ihm davor, die Rosen zu schneiden. 13. Wenn du nur zuhören würdest, so könntest du dieses in Null Komma nichts lernen. 14. Sofern sich das Wetter hält, werden wir Morgen eine Segeltour machen. 15. Es ist am besten, vorbereitet zu sein, falls ein Unglück passieren wird. 16. Sofern du Lust haben solltest, kannst du gerne zu Besuch kommen. 17. Sie legten eine Plane über den Sandkasten, damit die Katzen nicht in den Sand pinkeln konnten. 18. Es hat geregnet, so dass sie im Laufe von Sekunden klitschnass wurden. 19. Sie heulten, so dass die Nachbarn angelaufen kamen. 20. Es kam, wie es kommen musste. 21. Ist es wahr, dass wir nach Stavanger fahren werden? 22. Je mehr sich die Schüler entschuldigten, desto wütender wurde der Lehrer. 23. Alfred fragte, ob er beim Abschlussfest neben Solveig sitzen dürfe. 24. Er tat, als ob nichts geschehen sei. 25. Als Else den Brief bekam, wurde ihr warm vor Freude. 26. Petter kommt bestimmt zu spät, so wie er es immer macht. 27. Wenn der Frühling kommt, werden die Tage heller. 28. Wie man in den Wald hineinruft, so schallt es hinaus. 29. Während sie den Brief schrieb, dachte sie an die Verabredung, die sie getroffen hatte. 30. Er wollte aktiv am Kurs teilnehmen, damit er lernt besser Norwegisch zu schreiben. 31. Da du keine Lust hast, sagen wir den Ausflug ab. 32. Ich sagte es so deutlich, damit alle verstehen konnten, was ich meinte. 33. Nachdem sich alle an den Tisch gesetzt hatten, hieß sie der Wirt willkommen. 34. Falls du das Buch vergessen haben solltest, kannst du ein Exemplar von mir ausleihen. 35. Bevor wir essen, müssen wir den Tisch decken. 36. Wenn alle denken würden wie wir, wäre die Welt besser. 37. Weil Oskar sein Geld vergessen hatte, musste er wieder nach Hause gehen. 38. Obwohl alle ihr Bestes gegeben haben, wurde das Fest ein Fiasko. 39. Weil Marianne Sekretärin war, schrieb sie das Versammlungsprotokoll. 40. Obwohl der Frühling gekommen war, lag im Wald hoch Schnee. 41. Weil Lars nicht kommen konnte, waren wir nur zu dritt. 42. Ab und zu scheint es, als ob diese Übungen in diesem Buch nie enden würden. 43. Je mehr du übst, desto besser wirst du.

123. 1. Visste du at Norge fremdeles har en konge? 2. Han spurte henne om hun ville gå på kino med ham. 3. Da ulykken skjedde, ble Reidun stående med åpen munn. 4. Når jeg føler meg stresset, forsøker jeg å slappe av. 5. Mens fotballkampen ble overført på tv, var det ingen å se i gatene. 6. Siden jeg begynte på norskkurset, har jeg fått mange nye venner. 7. Etter at vi hadde besøkt bestemor og bestefar, gikk vi en tur i skogen. 8. Før Marius fløy hjem fra Tyskland, måtte han kjøpe presanger til barna. 9. Jeg har ikke tid til å komme på besøk fordi jeg må lese til eksamen. 10. Til tross for at de hadde tatt på seg varme klær, begynte de å fryse. 11. Hvis jeg skal være helt ærlig, synes jeg ikke den skjorta kler deg veldig godt. 12. Såfremt det ikke blir snø, kommer vi helt sikkert til å reise til Røros. 13. For at du ikke skal være så trøtt i morgen, må du legge deg tidligere i kveld. 14. Han skalv slik at tennene klapret i munnen på ham. 15. Slik som du oppfører deg, er det ikke rart at ingen liker deg. 16. De danset som om de aldri skulle ha gjort noe annet. 17. Jo mer han leste, desto mer forbauset ble han.

Kapittel 10 Setningsledd

124. 1. Sie werden nächstes Jahr nach Florø umziehen. 2. Hans sollte das nächste Mal mehr an die Konsequenzen denken. 3. Wer will die Aufgabe Nummer drei machen? 4. Im Herbst können wir Preiselbeeren pflücken. 5. Extremsport hat sie schon immer genervt. 6. Mein Neffe ist nun vier Wochen lang im Krankenhaus. 7. Wir sollten mehrere Rauchmelder in der Hütte haben. 8. Petter ist an diesem Samstagabend früh eingeschlafen. 9. Sie mussten den Rest des Bieres schleunigst trinken. 10. Könntest du dich etwas deutlicher ausdrücken? 11. Die Schüler sollten einen gemeinsamen Plan für die Projektarbeit erstellen. 12. Du kannst dich nicht deiner Verantwortung entziehen. 13. Er wird sie nie verstehen können. 14. Haben alle ihre Eltern um Erlaubnis gefragt? 15. Sie sollte sie um halb sieben wecken. 16. Das Geld soll auf ein falsches Konto überwiesen worden sein. 17. Hätten diese Probleme auf eine andere Art und Weise gelöst werden können? 18. Sie haben es bestimmt hundert Mal versucht. 19. Tante Karen will nichtsdestoweniger einen letzten Versuch machen. 20. Ihr habt jetzt sicherlich das meiste verstanden.

125. 1. Du burde nok gjøre alle disse oppgavene. 2. Mange må slanke seg i våre dager. 3. En slik oppførsel kan jeg ikke forestille meg. 4. Else Britt vil sikkert ikke feire nyttår sammen med oss. 5. Skal vi kanskje forsøke en gang til? 6. Har Ella overnattet hos Jorunn? 7. Var pc-en hans gått i stykker? 8. Den dagen hadde alle i familien sittet foran tv-en. 9. Vi har faktisk tenkt på det samme som vennene våre. 10. Hvem vil ta av bordet nå? 11. Foreldrene dine har fortalt meg mye om barndommen din. 12. Tone Marie skal ha blitt oppdratt temmelig strengt. 13. På søndag skal noen turgåere ha blitt angrepet av en rasende elg. 14. Innbruddet burde ha blitt oppdaget for lengst. 15. Han skulle ha blitt advart i tide.

126. 1. Weil sie umziehen würden, mussten sie ihre Wohnung in Oslo verkaufen. 2. Er meinte, dass sie das nächste Mal mehr an die Konsequenzen denken müssten. 3. Derjenige, der die Aufgabe drei ganz richtig löst, soll eine kleine Belohnung bekommen. 4. Weil wir in Trysil Preiselbeeren pflücken können, fahren wir oft im Herbst dorthin. 5. Wenn sie vom Extremsport genervt ist, verstehe ich nicht, warum sie Bungeespringen probieren will. 6. Während mein Neffe im Krankenhaus war, hat seine Frau ihre Küche renoviert. 7. Falls wir mehrere Rauchmelder in der Hütte bekommen, wird die Versicherungsprämie niedriger. 8. Weil Petter früh eingeschlafen war, war er am Morgen außerordentlich munter. 9. Obwohl sie das Bier schleunigst getrunken haben, kamen sie zu spät zur Vorstellung. 10. Ich würde wünschen, dass du dich etwas deutlicher ausdrücken könntest. 11. Wenn die Schüler einen gemeinsamen Plan der Projektarbeit erstellt hätten, wäre das Ergebnis besser geworden. 12. Wenn du dich sowieso nicht deiner Verantwortung entziehen kannst, solltest du lieber gleich den Ernst der Situation erkennen.

13. Er sieht ein, dass er sie niemals verstehen wird. 14. Es ist am Besten, wenn alle ihre Eltern um Erlaubnis fragen. 15. Sie hatte versprochen, dass sie sie um halb sieben wecken würde. 16. Weil das Geld auf ein falsches Konto überwiesen worden sein soll, habe ich keine Einzahlung bekommen. 17. Wir fragen uns, ob diese Probleme auf eine andere Art und Weise hätten gelöst werden können. 18. Nachdem sie es hundert Mal versucht hatten, gaben sie auf. 19. Mein Vater erzählt, dass Tante Karen nichtsdestoweniger einen letzten Versuch machen will. 20. Er behauptete, dass er auf Grund von Geldmangel sein neues Haus nicht hätte fertig bauen können. 21. Weil ihr sicherlich nun das meiste verstanden habt, ist es höchste Zeit zur nächsten Aufgabe überzugehen.

127. 1. Vi synes nok at du burde gjøre alle disse oppgavene. 2. Fordi mange må slanke seg i våre dager, er vegetarmat blitt populært. 3. Fordi jeg ikke kan forestille meg en slik oppførsel, kan jeg ikke gi deg noe råd. 4. Hvis Else Britt vil feire nyttår sammen med oss, kan hun overnatte på gjesterommet. 5. Etter at de hadde forsøkt en gang til, ble resultatet mye bedre. 6. Når Ella overnatter hos Jorunn, tar hun med seg sitt eget sengetøy. 7. Da pc-en hans hadde gått i stykker, hadde han ingenting å gjøre. 8. Fordi alle i familien den dagen hadde sittet foran tv-en, hadde ingen hørt innbruddstyven. 9. Det er underlig at vi faktisk har tenkt på det samme som vennene våre. 10. Jeg lurer på hvem som vil ta av bordet nå. 11. Ettersom foreldrene dine har fortalt meg mye om barndommen din, forstår jeg problemene dine bedre. 12. Det påstås at Tone Marie skal ha blitt oppdratt temmelig strengt. 13. At noen turgåere på søndag skal ha blitt angrepet av en rasende elg, virker ikke helt usannsynlig. 14. Forsikringsselskapet mente at inbruddet burde ha blitt oppdaget for lengst. 15. Hvis du hadde latt henne reise til Norge den gangen, ville mye vært annerledes. 16. Det hersker ingen tvil om at han skulle ha blitt advart i tide.

128. 1. Det kan være ganske vanskelig å lage gode oppgaver til en øvelsesgrammatikk. 2. Det er et faktum at han mistet toget den morgenen. 3. Det er viktig å forebygge sykdommer. 4. Det gjør vondt å skjære seg i fingeren. 5. Det er trist at norske barn leser stadig mindre. 6. Det er dumt å gå over bekken etter vann. 7. Det er ennå ikke kjent hvem som skal bli utenriksminister i den nye regjeringen. 8. Det er vanlig i Norge å ta av seg skoene når man kommer inn. 9. Det var et ubestridelig faktum at han var blakk. 10. Det tok bare ti minutter å ro over sundet. 11. Det er uhøflig å gjespe mens andre ser på. 12. Det er synd at hun måtte slutte å danse. 13. Det er ennå ikke helt avgjort hvilke fotballandslag som får delta i verdensmesterskapet. 14. Det er ikke særlig klokt å gå på rødt lys. 15. Det er temmelig sikkert at vi får en ny regjering til høsten.

129. 1. Det tar ca. en time å kjøre fra Oslo til Moss. 2. Det kan være en opplevelse å møte gamle venner. 3. Det kan være straffbart å laste ned musikk fra nettet. 4. Det er ikke tillatt å røyke på restauranter i Norge. 5. Det kan være skadelig for ryggen å sitte for lenge i en stilling. 6. Det er utrolig at May Britt aldri har gått på ski. 7. Det var udiskutabelt at landslags-kapteinen ikke var i form. 8. Det var en æresak for ham at regningene skulle betales punktlig. 9. Det var nærmest et under at han til slutt ryddet rommet sitt. 10. Det gjorde henne svært glad at misforståelsen ble oppklart i løpet av samtalen.

130. 1. Det satt ei måke urørlig på taket til båthuset. 2. Det lå et par solbriller henslengt i sofaen. 3. Det lå femten råtne epler på hylla. 4. Det kom en tysk turist inn i butikken. 5. Det bredte seg langsomt en urolig stemning i forsamlingslokalet. 6. Det drev et par hvite skyer dovent forbi. 7. Det sprang plutselig en hare ut i veibanen foran bilen. 8. Det ble plutselig lagt et nytt forslag på bordet. 9. Det stod ei eldre dame utenfor døra. 10. Det ble laget en ny oppgave i siste liten.

131. 1. Det kom en kelner bort til oss. 2. Den nye vasen stod på bordet. 3. I den lille skogen satt det et nyforelsket par. 4. Det lå noen båter ved kaia. 5. På jernbanestasjonen stod blomsterselgeren på sin vanlig plass. 6. Tannlegen din har akkurat ringt. 7. Det lå en splitterny fyllepenn ved siden av boka. 8. Ute på gata kjørte det akkurat en bil forbi. 9. Berlins filharmoniske orkester spilte, men likevel kom det mindre enn hundre tilhørere. 10. I boka stod det et eksempel som jeg aldri vil glemme.

132. 1. Det var forfatteren Anne Holt som skrev den prisbelønte kriminalromanen. 2. Det var Kjell Magne Bondevik som var statsminister i Norge ved århundreskiftet. 3. Det var i Paris Jon studerte i 1987. 4. Det er stua vi har pusset opp. 5. Det er foran Nationaltheateret det står en statue av dramatikeren Henrik Ibsen. 6. Det er på et gartneri han har fått jobb. 7. Det er lege Dagny skal bli. 8. Det var Grete han fortalte hemmeligheten. 9. Det var den nye bilen sin Truls kjøpte i Frederikstad. 10. Det var eksamensresultatene matematikklæreren leste opp. 11. Hvem er det som er den peneste? 12. Er det deg eller Karl som er eldst? 13. Er det deg som er i slekt med Hamsun?

133. 1. Wie sollen wir diese Aufgaben lösen? 2. Mama gab ich die Blumen. 3. Opa gab ich die Schlüssel. 4. Ich war natürlich derjenige, der auf der Rechnung für den Restaurantbesuch sitzen blieb. 5. Was sollen wir am Wochenende machen? 6. Der Postbote wurde von dem Hund unserer neuen Nachbarn gebissen. 7. Der Vogelgesang hält sie wach. 8. Was gibt es zum Mittagessen? 9. Wer kommt zu Besuch? 10. Norwegisch lernen wir.

134. 1. Rolf rakte kona si bilnøklene. Rolf rakte henne dem. 2 Foreldrene nektet Lise å reise på interrail. Nektet foreldrene Lise det? Nektet foreldrene henne det? 3. Konkurrentene unnet ham seieren. De unnet ham den. 4. Jeg fortalte barna hele sannheten. Fortalte du barna den? Ja, jeg fortalte dem den.

135. 1. Am Samstag erzählte ich meinen Freunden den Witz. 2. Randi hat alle Klamotten, die sie geerbt hat, der Heilsarmee geschenkt. 3. Der verzweifelte Lehrer schrie seinen Schülern zu, dass sie den Mund halten müssten. 4. Sie flüsterte mir im Vorbeigehen die Nachricht zu. 5. Das Versandhaus schickte mir die elektrische Gitarre, die ich bestellt hatte, mit der Post zu.

136. 1. Per og Lise hadde med julegavene til vennene sine. 2. Sjefen min røpet for meg at jeg snart skulle få mer interessante arbeidsoppgaver. 3. Hvor mange ganger må jeg spørre deg? 4. Har du ennå ikke fortalt sannheten til henne? 5. Først sendte han dem et sint blikk, så bød han dem juling. 6. Faren skrek til barna at han måtte gi dem en lærepenge. 7. Riksteatret framførte for det begeistrede publikumet et skuespill av Edvard Hoem. 8. Vil du virkelig forby sønnen din å spille ishockey? 9. Kunne du beskrive utseende hans for meg? 10. Neste gang skal jeg kjøpe ei bedre øvingsbok til deg.

137. 1. Ich habe kaum einen schlechteren Vorschlag gehört. 2. Im nächsten Frühjahr wird unser ältester Sohn wahrscheinlich in Schottland studieren. 3. Er hat sie leider enttäuscht. 4. Arnstein hat in der Tat bei der Prüfung positiv überrascht, und darum bekommt er gute Zensuren. 5. Ich kenne deinen Onkel nicht. 6. Sie hatten diese Aufgabe auch noch nicht gemacht. 7. Gib nicht auf! 8. Die Studenten erzählten, dass sie sich tatsächlich auf die Prüfung freuten. 9. Wenn du dagegen noch einige Stunden arbeitest, bin ich mir sicher, dass das Ergebnis besser wird. 10. Da du die Geschichte wahrscheinlich schon gehört hast, werde ich sie nicht noch einmal erzählen.

138. 1. Ikke rør! 2. Vi kan ikke tro det. 3. Vi tror at vi antagelig blir i Kirkenes til tirsdag. 4. Jeg liker dessverre ikke den yngre broren din. 5. Han sa at han dessverre ikke likte den yngre broren min. 6. Fordi vi jo allerede har handlet, kan vi ta det med ro i helga. 7. Harald kan merkelig nok komme på festen. 8. Han sa at Harald merkelig nok kunne komme på festen. 9. Jeg har knapt spist noe hele dagen. 10. Petra sa at hun knapt hadde spist noe hele dagen.

139. 1. Rosenborg wird am Sonntag in Trondheim gegen Bayern München spielen. 2. An diesem Dienstag musste Lena fünfzig Minuten auf den Zug warten. 3. Wegen des starken Windes wurde am letzten Freitag der Fährbetrieb nach Kiel eingestellt. 4. Der Stand-up-Komiker hat wahrscheinlich auf der Tournee jeden einzelnen Abend denselben Witz erzählt. 5. In der nächsten Woche werden wir wahrscheinlich eine Klassenfahrt nach Røros machen. 6. Viele Norweger glauben, dass die Regierung nach den Wahlen im kommenden Herbst gehen muss. 7. Vor dem Kindergarten parkt nun seit zwei Wochen ein großer Lastwagen. 8. Wir sind erst in der Nacht auf Samstag aus den Ferien zurückgekommen. 9. Die erste Volksabstimmung über Norwegens Anschluss an die EU war in den siebziger Jahren. 10. Wir müssen leider noch einige Jahre in dieser heruntergekommenen Wohnung bleiben.

140. 1. Trond og Bente pusset opp stua si for to år siden. 2. Jeg kjøpte disse druene på torget i forgårs. 3. Har du ikke hørt at Fredrik kanskje skal flytte til Haugesund om fire måneder? 4. Da de nettopp hadde pusset tennene, ville de ikke ha noen søtsaker. 5. De kom på besøk en grå dag i november. 6. Hvert eneste år reiser Inga til Holmestrand om sommeren. 7. Dessverre kom vi til Drammen først sent på kvelden. 8. Jeg våknet midt på natta med fryktelig hodepine. 9. Snart kan man handle i butikkene i Norge hele døgnet. 10. Nå er det på høy tid å ta en pause!

Kapittel 11 Setningstyper

141. 1. Bald müssen wir eine neue Spülmaschine kaufen. 2. Morgen wird Finn Anna in Bergen besuchen. 3. Hast du in der letzten Zeit einige gute Bücher gelesen? 4. Findest du, dass ich die Haare schneiden sollte? 5. Ziehst du Rotwein oder Bier zum Dorsch vor? 6. Wer hat meine Brille gesehen? 7. Was glaubst du, welcher Kandidat wird die Präsidentenwahl gewinnen? 8. Was möchtest du heute machen? 9. Wann fängt nach den Ferien die Schule an? 10. Wie oft muss ich dir das erzählen? 11. Was für ein Typ ist Camillas neuer Freund? 12. Warum kann ich nicht etwas sinnvolleres als dies machen? 13. Denk an eine Zahl! 14. Hör sofort auf! 15. Hätte ich nur ein bisschen mehr Zeit! 16. Heute morgen hatte Karoline unglücklicherweise vergessen, das Bügeleisen auszustellen. 17. Bald wird die Passkontrolle zwischen den europäischen Ländern ein Ende haben. 18. Normalerweise stehen in den norwegischen Hauptsätzen die unflektierten Verben nicht am Satzende.

142. 1. I hele høst har Merle vært på musikkskolen hver onsdag formiddag. 2. Det lå et brev fra politiet på gulvet i gangen. 3. Har dere allerede leid et feriehus for sommeren? 4. Kunne du gjenta spørsmålet? 5. Hvem vil først gå på badet? 6. Hvilket syltetøy skal vi kjøpe? 7. Foretrekker du jordbær eller bringebær? 8. Hva skal vi gjøre i påskeferien? 9. Når kommer Markus hjem fra skolen? 10. Hvor ofte har du vært på besøk hos foreldrene dine i det siste? 11. Hvorfor er det alltid jeg som må vaske opp? 12. Hva slags te liker du best? 13. Ikke rør pc-en min! 14. Ikke kast papir på gulvet! 15. Om kvelden går vi til sengs. 16. I begynnelsen av foredraget var han veldig nervøs og usikker. 17. Hadde jeg bare ikke kjøpt denne boka!

143. 1. Dass ich heute nicht in Form bin, ist gar nicht verwunderlich. 2. Weißt du, ob du den Norwegischkurs weiter machen wirst? 3. Es ist fraglich, ob in diesem Jahr ein Sommerfest stattfinden wird. 4. Ich überlege, was ich beim Metzger kaufen soll. 5. Petter fragte, ob ich einige neue Computerspiele bekommen hätte. 6. Wir glauben, dass wir uns in Mandal wohlfühlen werden. 7. Dort drüben auf der Bank sitzt das ältere Ehepaar, dem ich über die Straße helfen musste. 8. Die Stadt, in der wir wohnen, ist gerade passend. 9. Das Haus, das einen wunderschönen Garten hatte, war uns leider zu teuer. 10. Liv, die ständig über Müdigkeit und Kopfschmerzen klagte, geht es jetzt viel besser. 11. Dort draußen steht der, von dem ich dir erzählt habe. 12. Derjenige, der als letzter das Haus verlässt, muss die Tür schließen. 13. Wer nicht bezahlen will, darf auch nicht an der Feier teilnehmen. 14. Die Flüchtlinge mussten das Land verlassen, was sehr viele traurig fanden. 15. Der Mann, von dem ich das neue Auto gekauft habe, wirkte verlässlich. 16. Es ist schade, dass du nicht aufgehört hast zu rauchen. 17. Die alte Decke, an der die Lampe hing, war mit einem unbestimmten Grau gestrichen.

144. 1. At musikken fra åttiårene stadig vekk er populær, er meg en gåte. 2. Hun så at det satt en flokk skrikende måker ytterst på brygga. 3. Det er et stort spørsmål om vi ikke burde bygge en garasje. 4. Om vi noen gang kommer til å bli ferdige, er et åpent spørsmål. 5. Jeg skulle gjerne visst hva du tenker på. 6. Det er en kjent sak at det regner mye i Bergen. 7. I går traff jeg en gammel venn, som nesten ikke kjente meg igjen. 8. Oppgavene du arbeider med, er ganske vanskelige. 9. De som gjør oppgavene i denne boka, kommer forhåpentligvis til å lære mye norsk. 10. Den som ikke holder seg til spillereglene, får ikke være med. 11. Glasset du drikker av, har jeg kjøpt i Flekkefjord. 12. På det lille stedet der Linda ble født, bodde det bare sytti mennesker til sammen. 13. Mange av verkene til de norske forfatterne som ble oversatt til tysk i det 20. århundret, kan man i dag bare kjøpe i antikvariater. 14. Du som er så liten, får ikke (lov til å) være med. 15. Skrivebordet som stod i arbeidsrommet, var av or. 16. Den som har flaks, kan vinne ei reise. 17. Det er en avgjørelse som du vil angre på. 18. Hva heter den vakre kvinnen som onkel Theodor danset så heftig med på festen? 19. Vi har akkurat kjøpt en hagemøbelgruppe som hadde sterkt nedsett pris. 20. Jeg som har bodd i Sverige i tjue år, snakker svensk nesten uten aksent. 21. Det er noe som nesten ikke interesserer meg.

145. 1. Weil das Flugzeug Verspätung hatte, kamen wir erst spät am Abend in Ålesund an. 2. Da das Wetter nicht besser geworden ist, müssen wir die Skiwanderung auf morgen verschieben. 3. Weil du noch nicht die Hausaufgaben gemacht hast, darfst du nicht mit ins Kino. 4. Wir schrien, so dass alle unsere Nachbarn erschreckt aus den Fenstern schauten. 5. Sie stellte den Stuhl zur Seite, so dass er leichter vorbeikommen konnte. 6. Du machst diese Aufgaben, damit du Norwegisch lernst. 7. Oma backte eine Extraportion Plätzchen, damit alle probieren konnten. 8. Wenn du nachdenkst, weißt du, dass ich Recht habe. 9. Kannst du dir vorstellen, nach Norwegen zu ziehen, wenn du dort eine Stelle bekommst? 10. Sofern wir den Bus nicht verpassen, werden wir rechtzeitig kommen. 11. Obwohl das alte Auto voller Rost ist, läuft der Motor wie geschmiert. 12. Obwohl ich mich ausnahmsweise geirrt habe, gibt es keinen Grund zu lachen. 13. Obwohl es schneit, werden wir heute Ski laufen. 14. Wenn wir aus einer Sprache in die andere übersetzen, können wir nicht immer direkt übersetzen. 15. Als er mit dem Norwegischkurs begann, konnte er kein einziges Wort Norwegisch. 16. Am Donnerstag mussten wir warten bis der Wind abflaute, bevor wir über den Sund rudern konnten. 17. Während Anna im Bad war, deckte Asle den Tisch. 18. Ich wünschte, dass ich so schnell wie früher wäre. 19. Die neuen Nachbarn sind tatsächlich viel netter, als wir befürchtet hatten. 20. Sie benahmen sich, als ob ihnen der Anstand fehlte.

146. 1. Fordi læreren var syk, fikk elevene gå hjem. 2. Siden vi er trøtte, er det best at vi slutter nå. 3. Hvis du kunne komme på besøk, ville jeg bli veldig glad. 4. Selv om han hadde vært flere ganger i Norge, hadde han fremdeles problemer med språket. 5. Svens foreldre har sendt ham penger for at han kan kjøpe seg en ny sykkel. 6. Ute på gata var det mye trafikk slik at det var umulig å sove. 7. Jeg er mye flinkere enn du tror. 8. Ringen var ikke så verdifull som hun hadde håpet på. 9. Hun snakket norsk som om hun hadde bodd lenge i Norge. 10. Jo eldre han blir, desto gjerrigere blir han. 11. Da vi var i byen i dag, så vi for første gang den nye volvoen. 12. Når ringeklokka ringer om morgenen, er vi alltid dødstrøtte. 13. Mens jeg var i Norge, spiste jeg nesten bare fisk til middag. 14. Vi har pusset opp huset vårt siden du var på besøk i vår. 15. Før pinseferien begynner, må vi ha tatt en avgjørelse. 16. Da hundene plutselig kom løpende, ble barnet redd. 17. Jeg lurer på om du ikke burde forsøke enda en gang. 18. At noe var galt, var ikke vanskelig å forstå. 19. Selv om det er blitt sent, burde vi ikke gi opp. 20. Jeg tror at dette er den siste oppgaven i boka.

Register

Henvisningene viser til nummeret på øvelsene.

Lehrwerke

Bjørn Kvifte
Margit Berg

God tur

Lehrbuch der norwegischen Sprache

4. Auflage

gottfried egert verlag

Wolfgang Reumuth / Otto Winkelmann:
Praktische Grammatik der französischen Sprache.
Neubearbeitung, ²2005, XIX + 598 S.,
  € 24,00   ISBN 3-936496-29-3
Anne Boisson / Wolfgang Reumuth:
Übungsbuch zur französischen Grammatik.
1999, VII + 191 S., € 11,00   ISBN 3-926972-73-4
Schlüssel.
1999, I + 88 S., € 5,00   ISBN 3-926972-74-2
Übungsb. u. Schlüssel zus. € 16,00   ISBN 3-926972-80-7
Werner Forner:
Fachsprachliche Aufbaugrammatik Französisch.
Mit praktischen Übungen.
1998, XVI + 177 S., € 21,00   ISBN 3-926972-62-9
Anne Boisson / Wolfgang Reumuth:
Unterrichtssprache Deutsch – Französisch.
1995, IX + 228 S., € 15,00   ISBN 3-926972-46-7
Paul A. Gaeng:
Le monde de l'entreprise française.
Initiation au langage des affaires.
⁴2001, XII + 419 S., € 21,00   ISBN 3-926972-88-2
Wolfgang Reumuth / Otto Winkelmann:
Praktische Grammatik der spanischen Sprache.
⁴2003, XVI + 357 S., € 21,00   ISBN 3-926972-21-1
Christiane Nord:
Lernziel: Professionelles Übersetzen
Spanisch – Deutsch.
Ein Einführungskurs in 15 Lektionen.
2001, X + 257 S., € 16,00   ISBN 3-926972-87-4
Esperanza Cantallops / Conchita Otero / Ana Iglesias / Andrés Ré:
Sin rodeos. Curso intensivo de español.
Neubearbeitung, ²2001, XII + 250 S.,
  € 16,00   ISBN 3-926972-84-X
Clave de los ejercicios (Schlüssel).
²2002, 48 S., € 5,00   ISBN 3-926972-89-0

Andrés Ré (Dir.):
Sin rodeos. Ejercicios de audiocomprensión.
Übungsheft und CD.
2004, V + 42 S. und CD € 17,00   ISBN 3-936496-85-4
Conchita Otero:
Aproximación al mundo hispánico.
Einführung in die Landeskunde Spaniens und Lateinamerikas.
Neubearbeitung, ³2005, XII + 233 S.,
  € 16,00   ISBN 3-936496-64-1
Jenny Brumme:
Praktische Grammatik der katalanischen Sprache.
1997, XVIII + 430 S., € 21,00   ISBN 3-926972-53-X
Wolfgang Reumuth / Otto Winkelmann:
Praktische Grammatik der italienischen Sprache.
Neubearbeitung, ⁶2001, XIV + 425 S.,
  € 21,00   ISBN 3-926972-83-1
Wolfgang Reumuth:
Übungsbuch zur italienischen Grammatik.
³2005, V + 197 S., € 11,00   ISBN 3-936496-58-7
Schlüssel.
2005, 80 S., € 5,00   ISBN 3-936496-59-5
Liborio Pepi:
Primo Passo. Italienischkurs für Anfänger.
2003, IV + 283 S., € 16,00   ISBN 3-926972-98-X
Giulia Angelini / Elisabetta Fontana:
Letteralmente – Liberamente. Deutsch-italienische
Übersetzungsübungen für Fortgeschrittene.
2002, XII + 227 S., € 17,00   ISBN 3-926972-91-2
Maria Grazia Chiaro / Wolfgang Reumuth:
Unterrichtssprache Deutsch – Italienisch.
1994, IX + 179 S., € 15,00   ISBN 3-926972-38-6
Maria Iliescu / Dan Slusanski (Hrsg.):
Du latin aux langues romanes.
Choix de textes traduits et commentés
(du IIᵉ siècle avant J.C. jusqu'au Xᵉ siècle après J.C.).
1991, XIX + 301 S., € 21,00   ISBN 3-926972-22-X
Bjørn Kvifte / Verena Gude-Husken:
Praktische Grammatik der norwegischen Sprache.
³2005, XIV + 169 S., € 21,00   ISBN 3-926972-54-8
Bjørn Kvifte / Margit Berg:
God tur. Lehrbuch der norwegischen Sprache.
⁴2001, XIV + 243 S., € 16,00   ISBN 3-926972-63-7
Schlüssel zu den Übungen.
1999, I + 26 S., € 5,00   ISBN 3-926972-72-6
Lehrb. u. Schl. zusammen € 21,00   ISBN 3-926972-78-5
2 Tonkassetten € 20,00   ISBN 3-926972-75-0
2 CDs € 20,00   ISBN 3-926972-97-1
Birgitta Ramge:
Praktische Grammatik der schwedischen Sprache.
2002, XVII + 355 S., € 21,00   ISBN 3-926972-90-4
Birgitta Ramge:
Übungsbuch zur schwedischen Grammatik.
2005, VI + 183 S., € 15,00   ISBN 3-936496-03-X
Schlüssel zu den Übungen.
2005, I + 66 S., € 5,00   ISBN 3-936496-04-8
Yan Yin-Intemann:
Chinesisch – Sprachpraxis im Alltag.
Ein Lehrbuch für Anfänger.
³2004, XIII + 258 S., € 16,00   ISBN 3-926972-70-X
Schlüssel zu den Übungen.
1999, I + 60 S., € 5,00   ISBN 3-926972-71-8
Lehrb. u. Schl. zusammen € 21,00   ISBN 3-926972-79-3
2 Tonkassetten € 26,00   ISBN 3-926972-76-9
2 CDs € 26,00   ISBN 3-926972-96-3
Yan Yin-Intemann:
Chinesisch – Sprachpraxis für Geschäftsleute.
2003, X + 275 S., € 19,00   ISBN 3-926972-92-0
2 Tonkassetten € 26,00   ISBN 3-926972-94-7
2 CDs € 26,00   ISBN 3-926972-93-9

Gerne senden wir
Ihnen weitere
Informationen
zu den
aufgeführten
Buchtiteln zu.

Zu bestellen in
Ihrer Buchhandlung
oder direkt bei:

gottfried egert verlag
Postfach 1180
D-69259 Wilhelmsfeld
Telefax 0 62 20 / 67 01
e-mail: egertverlag@t-online.de
www.egertverlag.de

g
e
v